Prescrição de exercícios para saúde e qualidade de vida

Instituto Phorte Educação
Phorte Editora

Diretor-Presidente
Fabio Mazzonetto

Diretora-Executiva
Vânia M. V. Mazzonetto

Editor-Executivo
Tulio Loyelo

Marcos Doederlein Polito

Prescrição de exercícios para saúde e qualidade de vida

Phorte editora
São Paulo, 2010

Prescrição de exercícios para saúde e qualidade de vida

Rua Treze de Maio, 596
CEP: 01327-000
Bela Vista – São Paulo – SP
Tel./fax: (11) 3141-1033
Site: www.phorte.com
E-mail: phorte@phorte.com

CIP-BRASIL. CATALOGAÇÃO-NA-FONTE
SINDICATO NACIONAL DOS EDITORES DE LIVROS, RJ

P83p

Polito, Marcos Doederlein
Prescrição de exercícios para saúde e qualidade de vida / Marcos Doederlein Polito. - São Paulo : Phorte, 2010.

Inclui bibliografia
ISBN 978-85-7655-244-4

1. Exercícios físicos - Aspectos fisiológicos. I. Título.

09-4164. CDD: 613.7
CDU: 613.72

18.08.09 24.08.09 014562

Impresso no Brasil
Printed in Brazil

A Lairce Polito e Bruno Polito (*in memoriam*)

Aos meus amigos, Paulo Farinatti e Roberto Simão.

Aos meus alunos, razão de todo o meu trabalho.

À minha família: Renata e Maria Eduarda.

Prefácio

A missão dos profissionais da área de Educação Física de desenvolver programas de exercícios que promovam saúde e bem-estar é uma grande responsabilidade. Para tanto, o conhecimento técnico e a atualização permanentes por meio da literatura são a chave do sucesso na profissão.

De todas as obras que o homem é capaz de criar, a literatura é a mais valiosa. Tal valor se atribui ao fato de uma obra literária ser capaz de associar especulações teóricas com abordagens práticas, descritas por profissionais que atuam na investigação científica.

É justamente nesse espírito que se encontra o objetivo deste livro, que visa abordar sucintamente os efeitos do exercício em pessoas saudáveis, gestantes, idosos, crianças, pessoas com osteoporose, hipertensão, obesidade, cardiopatia, diabetes e DPOC.

O Prof. Dr. Marcos Polito, ao longo da sua formação no mestrado e doutorado em Educação Física e de sua atuação como docente, reuniu aspectos fundamentais para desenvolver tal conteúdo de maneira didática, sequencial e de fácil compreensão para todos que atuam na área de prescrição de exercícios.

É com grande orgulho e prazer que apresento esta valiosa contribuição acadêmica.

Prof. Dr. Roberto Simão

Professor-adjunto da Universidade Federal do Rio de Janeiro

Sumário

estratégias a serem fomentadas no estilo de vida moderno é a prática regular de atividades físicas e exercícios, com o intuito principal de melhorar a saúde e a qualidade de vida.

Atividade física *versus* exercício físico

Figura 1.1 - A corrida pode ser tanto uma atividade física quanto um exercício, dependendo da forma como é praticada.

Embora parecidos na sua essência, os termos atividade física e exercício apresentam diferenças. Atividade física é considerada qualquer forma de ativação muscular voluntária, com consequente gasto energético. Assim, têm-se como exemplos de atividades físicas: caminhar, correr, varrer a casa, lavar o carro e praticar esportes em geral. Percebe-se que, nesse caso, a atividade física pode ser voltada para o lazer ou trabalho.

O exercício físico é a organização e a sistematização da atividade física, inserindo na sua prática o controle de variáveis relacionadas com o volume e a intensidade do esforço. Por exemplo, correr 30 min com a frequência cardíaca entre 140 e 150 batimentos por minuto, ou caminhar 45 min com velocidade de 6 km/h. Tratando-se de exercícios para finalidades voltadas à saúde e à qualidade vida, a prescrição é relativamente simples. Isso ocorre pelo fato de o treinamento, nesse caso específico, não necessitar de muitas variações.

Quanto aos resultados para o condicionamento fisiológico, o exercício físico possibilita maiores chances de sucesso. Porém, algumas pesquisas mostram que a atividade física de lazer também pode melhorar o status de saúde, sendo mais fácil de ser praticada e aderida pela maioria da população, desde que outros fatores, como alimentação, por exemplo, sejam adequados. Caso contrário, uma pessoa malnutrida que inicia a prática de atividades físicas poderá aumentar o grau de desnutrição e se predispor a diversas enfermidades. Nota-se, ainda, que a atividade física destinada ao aumento da saúde é aquela realizada com o propósito de lazer. O esforço físico relacionado ao trabalho normalmente é feito em horários e locais inadequados, além de a vestimenta não ser apropriada. Dessa forma, estimular esse tipo de atividade física pode aumentar o nível de estresse, diminuindo as condições de saúde.

Saúde *versus* qualidade de vida

Figura 1.2 - Realizar atividade física de lazer, manter uma alimentação equilibrada e reduzir o estresse melhora a qualidade de vida e, consequentemente, a saúde das pessoas.

Não é raro pensar em saúde e relacionar esse termo à ausência de doenças. Na verdade, saúde é tida como o bem-estar geral, envolvendo os aspectos físico, mental e social. A doença é apenas um componente do nível de saúde de uma pessoa. Por isso, uma pessoa portadora de alguma enfermidade, como hipertensão arterial, pode ser mais saudável que uma pessoa que não possua a doença. O fator determinante para considerar a saúde, nesse caso, é a qualidade de vida. Toma-se como ilustração o Quadro 1.1. O sujeito A, embora hipertenso, apresenta outros fatores de qualidade de vida melhores que os do sujeito B. Por essa razão, o sujeito A pode ser mais saudável.

Em relação a atividade física/exercício, a melhora da saúde está condicionada ao aumento da qualidade de vida. O aumento da qualidade de vida pode ser percebido, por exemplo, pelo aumento do condicionamento físico, possibilitando executar esforços que não eram conseguidos ou eram realizados com dificuldade. Além disso, atividade física/exercício pode melhorar algumas funções fisiológicas, diminuindo a chance de acometimento por alguma doença ou reduzindo as limitações impostas pela doença, caso ela já esteja presente.

Quadro 1.1 – Dados hipotéticos para a qualidade de vida entre duas pessoas

Qualidade de vida	Sujeito A	Sujeito B
Doença	Hipertensão arterial	Sem doença
Saneamento básico	Sim	Não
Alimentação	Adequada	Inadequada
Qualidade do ar no ambiente em que reside	Adequado	Inadequado
Qualidade da água na residência	Tratada	Não tratada
Nível de estresse	Reduzido	Elevado

Tipos de exercícios

Todas as pessoas possuem diferentes graus de valências físicas, sendo as mais importantes para a qualidade de vida: força, flexibilidade, agilidade e condicionamento aeróbio. A importância que tais valências físicas vão desempenhar sobre a qualidade de vida depende das características individuais, assim como do estado clínico e da faixa etária.

Força muscular

A força muscular depende, basicamente, de dois ajustes[1] fisiológicos provenientes do treinamento: neural (ou neuromuscular) e metabólico. O

[1] Alguns autores optam pelo termo "adaptação". O termo "ajuste" foi utilizado para designar algo que é passível de reversão.

ajuste neural resulta na coordenação de recrutamento e no código de frequência das fibras musculares requisitadas para um determinado esforço. No início de um treinamento, quando são utilizadas cargas relativamente elevadas, é comum um grupo muscular "tremer" quando em contração. Isso ocorre justamente pela ineficiência do recrutamento adequado das fibras musculares, decorrente da pouca habilidade motora para tal gesto. No entanto, se o treinamento persistir, em poucos dias já é perceptível a coordenação de recrutamento das fibras musculares, havendo menos dificuldade para executar o exercício e redução do "tremor" muscular. Com menor dificuldade para realizar o exercício, é possível aumentar a carga e, se houve aumento da carga, houve também aumento da força. A partir de uma nova carga aplicada à musculatura solicitada, inicia-se um novo processo de ajuste motor. Esse mecanismo permanece muito ativo por algumas semanas e tende a se reduzir em poucos meses com a continuidade do treinamento.

Figura 1.3 - Treinamento para a força muscular de membros superiores.

Concomitantemente à redução do ajuste neural, é iniciado um processo de ajuste metabólico nas fibras musculares, determinando maior vascularização, maior capacidade de ressíntese de substrato energético, maior densidade mitocondrial e aumento das proteínas contráteis (actina e miosina). Nesse último caso, tem-se o aumento da massa muscular (hipertrofia muscular). Tal aumento, porém, depende das características genéticas individuais e, por isso, a hipertrofia muscular pode ser diferente em pessoas submetidas ao mesmo protocolo de treinamento.

Nesse sentido, pode-se considerar o treinamento de força como aquele realizado com uso de implementos específicos (aparelhos) ou cargas livres (halteres), cujo objetivo é aumentar a habilidade (ajustes neurais) e/ou a capacidade (ajustes metabólicos) para mobilizar ou sustentar uma determinada carga em um movimento ou uma angulação.

Flexibilidade

FIGURA 1.4 - O exercício de alongamento realizado de forma adequada aumenta a flexibilidade.

Flexibilidade é a valência física representada pela maior amplitude de um movimento, englobando uma ou mais articulações, realizada de forma voluntária sem ocasionar lesões anatômicas. A flexibilidade é uma das valências físicas que apresenta menos estudos científicos disponíveis. Por exemplo, das 262 referências bibliográficas citadas no posicionamento sobre prescrição de exercícios para adultos saudáveis do American College of Sports Medicine de 1998, menos de 30 referências (cerca de 11%) foram destinadas ao tópico sobre flexibilidade. Não obstante, essa valência física pode ser importante no momento em que é exigido nas tarefas diárias ou esportivas um razoável nível de amplitude de movimento. Nesse caso, por um lado, se a pessoa não possuir a flexibilidade necessária, a chance de lesão aumenta significativamente. Por outro lado, pessoas com extrema flexibilidade normalmente apresentam lassidão ligamentar, tornando-se também suscetíveis a lesões. A forma pela qual se melhora ou se mantém a flexibilidade de uma pessoa ocorre por meio do exercício de alongamento, que pode ser realizado de diferentes formas e sob várias intensidades.

A flexibilidade é influenciada, sobretudo, pela cápsula articular e pelos músculos. Porém, o treinamento físico não é capaz de modificar as estruturas articulares de uma pessoa; somente os músculos modificam-se pelo alongamento, independentemente da intensidade. A partir do início do treinamento de flexibilidade, os efeitos sobre a amplitude de movimento podem ser percebidos de forma significativa depois de dois a quatro meses.

Agilidade

A agilidade é uma valência física inerente a uma determinada ação motora, dependendo diretamente do grau de coordenação e da velocidade de execução. A coordenação motora, por sua vez, pode ser entendida como a execução de um movimento, realizado de forma correta e com eficiência, ou seja, utilizando apenas a energia necessária para fazê-lo. Um exemplo de coordenação pode ser representado no nado *crawl*. Esse nado requer movimentos específicos de membros superiores, de membros inferiores e da cabeça. Pessoas com pouca coordenação motora para o nado *crawl* frequentemente se cansam ao atravessar uma piscina, em razão de estarem gastando muita energia desnecessariamente. Quando a coordenação é aprimorada, é possível dar várias voltas na piscina sem sofrer o mesmo cansaço.

A agilidade requer uma coordenação motora elevada com rápida execução do seu gesto. Por exemplo, a digitação no teclado de um computador requer coordenação motora (digitar sem errar) e, quando essa tarefa é feita rapidamente (igualmente sem errar), tem-se a agilidade.

No que se refere ao treinamento físico para a qualidade de vida, a agilidade normalmente é negligenciada. No entanto, crianças e idosos, por exemplo, podem ser extremamente beneficiados com esse tipo de treinamento.

Figura 1.5 - O treinamento aeróbio é a melhor forma de aumentar o consumo máximo de oxigênio e um dos principais exercícios relacionados à saúde.

Condicionamento aeróbio

O condicionamento aeróbio é uma das principais e mais estudadas valências físicas relacionadas à qualidade de vida. Isso corre pelo fato de o condicionamento aeróbio ser relativamente fácil de ser prescrito, executado e acompanhado, quando comparado com os outros tipos de treinamento. Além disso, existe uma relação, comprovada há anos, entre o aumento do condicionamento aeróbio e a diminuição dos riscos de obesidade, diabetes tipo 2, hipertensão arterial e coronariopatia.

A definição de condicionamento aeróbio relaciona-se com o aumento do consumo máximo de oxigênio pelo organismo (VO_2máx). Esse aumento está associado à captação (vias aéreas), transporte (corrente sanguínea) e utilização (fibras musculares) do oxigênio, sendo específico de acordo com a modalidade praticada. Assim, um nadador de longa distância provavelmente não terá o mesmo VO_2máx quando realizar um teste aeróbio correndo.

Figura 1.6 - A agilidade é imprescindível em algumas modalidades esportivas, e também pode ser útil na rotina de exercícios para idosos como forma de melhorar as condições de qualidade de vida.

Aquecimento e volta à calma

Todo o tipo de exercício ou atividade física deve ser precedido por um período de aquecimento (com finalidade de preparar o organismo para um esforço maior) e outro período de volta à calma (para proporcionar um retorno progressivo às condições pré-esforço). O tempo destinado ao aquecimento e de volta à calma não é definido pela literatura, podendo variar, em média, de 5 a 10 min. A intensidade, no entanto, deve ser menor (aproximadamente 50%) que o esforço exigido na atividade principal. Assim, uma pessoa que, habitualmente, corre a 12 km/h, pode iniciar o seu aquecimento com 6 km/h, aumentando progressivamente até alcançar a velocidade de treino. O mesmo se aplica a um sujeito que realiza o treinamento de força com carga de 60 kg. O início de sua sessão de treinamento deve ser com carga de 30 kg. Observa-se, nesse caso, que o aquecimento foi conduzido nas mesmas atividades que o esforço principal. Isso é importante para que todos os sistemas envolvidos na atividade sejam ativados de forma semelhante à que a atividade principal vai exigir. Por exemplo, um aquecimento aeróbio (como o cicloergômetro) necessita de substrato energético e padrão motor diferentes em relação a um exercício de força. O mesmo se aplica ao processo de volta à calma, em que é interessante a diminuição progressiva do esforço, com o intuito de redistribuição do fluxo sanguíneo e redução dos valores de frequência cardíaca e pressão arterial. Considerando que o treinamento de força é conduzido de forma intermitente, ou seja, com períodos de esforço seguidos de período de descanso, a volta à calma será mais importante no treinamento aeróbio.

Avaliação pré-participativa em programas de exercícios físicos

Com o propósito de direcionar a prescrição do exercício para a saúde e a qualidade de vida, tornam-se imprescindíveis algumas estratégias antes do início do treinamento. Primeiro, em adultos com fatores de risco para doenças como hipertensão, diabetes tipo 2 e cardiopatia, é importante um criterioso exame médico, composto por análise sanguínea, medida da pressão arterial e eletrocardiograma de repouso e esforço. Em casos específicos, como idosos e pacientes com doença pulmonar obstrutiva crônica, também devem ser adicionados, respectivamente, exame de densidade mineral óssea e prova de função pulmonar. Em crianças, é interessante uma avaliação postural.

No entanto, em adultos jovens assintomáticos, os riscos de complicações durante o exercício, sobretudo de intensidade moderada, são relativamente reduzidos. Nesses casos, a utilização de um *screening* pré-participativo como o questionário PAR-Q (questionário de prontidão para a atividade física) pode ser suficiente para averiguar a necessidade de exames complementares. Trata-se de sete questões com respostas diretas e, no caso de uma delas ser afirmativa, o indivíduo deve ser encaminhado a um médico. O Quadro 1.2 ilustra o questionário PAR-Q.

Quando 1.2 – Questionário de prontidão para atividade física (PAR-Q)

Questões	Sim	Não
1. Algum médico já disse que você possui algum problema de coração e que só deveria realizar atividade física supervisionada por profissionais de saúde?		
2. Você sente dores no peito quando pratica atividade física?		
3. No último mês, você sentiu dores no peito quando praticava atividade física?		

Continua

Continuação

Questões	Sim	Não
4. Você apresenta desequilíbrio por causa de tontura e/ou perda de consciência?		
5. Você possui algum problema ósseo ou articular que poderia ser piorado pela atividade física?		
6. Você toma atualmente algum medicamento para pressão arterial e/ou problema de coração?		
7. Sabe de alguma outra razão pela qual você não deve realizar atividade física?		

Fonte: Carvalho et al. Posição oficial da Sociedade Brasileira de Medicina do Esporte: atividade física e saúde. *Rev Bras Med Esporte*, 1996;2:79-81.

Considerações finais

O intuito deste exemplar foi ilustrar os efeitos para a qualidade de vida e, consequentemente, para a saúde, proporcionados pela prática regular de exercícios físicos, quando aplicados em pessoas com diferentes características. Dessa forma, foram descritas as principais considerações sobre cada grupo de pessoas, assim como os dados atuais da prescrição do exercício físico. Também serão apresentados exemplos práticos da prescrição, e alguns casos em que o exercício físico foi uma intervenção suficiente para melhorar a qualidade de vida.

Exercícios físicos para adultos saudáveis

2

A partir da segunda metade do século XX, surgiram estudos envolvendo grande quantidade de pessoas que foram acompanhadas durante vários anos como, por exemplo, as pesquisas Framinghan Heart Study e Nurse's Health Study. Os dados de tais pesquisas têm mostrado que a atividade física regular pode ser um componente importante para diminuir os riscos de várias doenças crônicas (como coronariopatia, hipertensão arterial e diabetes tipo 2) em pessoas que ainda não desenvolveram tais enfermidades. Mais ainda, mesmo que a pessoa esteja engajada na prática de atividades físicas, o efeito protetor contra doenças crônicas aumenta proporcionalmente de significância se houver aumento do condicionamento físico (Lakka et al., 2003).

Dessa forma, o exercício físico sistematizado é uma das medidas mais eficientes para a prevenção ou atenuação dos efeitos de doenças crônicas. As pesquisas, no entanto, ainda não concluíram qual a melhor estratégia de prescrição do exercício no que se refere à frequência semanal, intensidade e duração. Por exemplo, o estudo de Manson et al. (2002) investigou a influência da caminhada rápida e da corrida como forma de prevenção da doença cardiovascular em 73.743 mulheres de 50 a 79 anos. Os autores não encontraram maior influência de um exercício sobre o outro. Ou seja, a prática do exercício, independentemente da intensidade, repercutiu positivamente na saúde. Isso também pode ser extensivo ao tipo de exercício. O exercício de força ou o aeróbio parecem diminuir os riscos de doença cardiovascular em um estudo que envolveu amostra de 44.452 homens (Tanasescu et al., 2002).

O efeito do exercício na prevenção de doenças crônicas parece estar condicionado a alterações fisiológicas decorrentes do treinamento regular. Dentre essas, podem ser citadas: melhora da função endotelial, controle lipídico e glicêmico, manutenção da pressão arterial em níveis adequados, aumento da função autonômica (redução da frequência cardíaca de repouso), estimulação da densidade óssea e aumento do sistema imunológico.

Porém, considerando as evidências existentes, algumas das principais agências de estudo do exercício e saúde, como o American College of Sports Medicine (ACSM) e American Heart Association (AHA), divulgam posicionamentos oficiais com o intuito de estabelecer sugestões para a prescrição do exercício físico, quando o objetivo principal é melhorar a saúde e a qualidade de vida de pessoas não portadoras de patologias. Nos tópicos a seguir, serão apresentadas as principais recomendações dessas duas entidades, considerando frequência semanal, intensidade, duração e cuidados relacionados aos diferentes tipos de exercícios.

Exercício aeróbio

O exercício aeróbio é o mais pesquisado na literatura para a saúde e qualidade de vida, sobretudo quando realizado de forma contínua, pois é de fácil realização, adesão e controle. No início do século passado, alguns estudos já viabilizaram a prescrição do exercício aeróbio para grupos diferenciados de indivíduos: saudáveis, obesos e portadores de doenças crônicas. Com a evolução dos experimentos, ainda permitindo a observação em modelos animais, foi possível identificar determinadas sugestões para a prescrição. Segundo o posicionamento do ACSM de 1998, o exercício aeróbio deve ser realizado em uma frequência semanal entre três a cinco vezes, com intensidade de 50% a 85% da frequência cardíaca de reserva (FCres) ou 55% a 90% da frequência cardíaca máxima (FCmáx) e duração de 20 a 60 min (Tabela 2.1). O cálculo da FCres pode ser obtido pela fórmula FCres = [(FCmáx – FCrepouso) x % de intensidade do esforço] + FC repouso. Nesse caso, para melhor medida da FC de repouso, é importante manter a pessoa na posição deitada por, aproximadamente, 10 min em ambiente calmo. Para a determinação da FCmáx, é sugerido um teste de esforço máximo. No entanto, tal procedimento, às vezes, é negligenciado quando se trata de sujeitos assintomáticos. Assim, é comum utilizar equações para a determinação da FCmáx. No entanto, tais equações podem repercutir em erros (Anexo 1). Outra estratégia é utilizar uma escala de sensação subjetiva de esforço. A escala mais utilizada é a de Borg, que pode ser aplicada a todos os tipos de pessoas, desde que familiarizadas com a sua aplicação (Anexo 2).

O posicionamento do ACSM de 1998, ainda, sugere a possibilidade de o exercício aeróbio ser realizado em sessões de 10 min, três ou mais vezes por dia. Entre os exercícios mais recomendados, pode-se citar os que utilizam grandes grupos musculares, como caminhada, corrida, ciclismo, atividades aquáticas, remo e patinação. Jogos de natureza aeróbia, tais como futebol, voleibol e tênis poderiam ser incluídos como forma de complementar os referidos exercícios. A sugestão de prescrição do ACSM é compartilhada pela AHA (2001).

Figura 2.1 - A corrida é um dos exemplos de exercício aeróbio. Seu treinamento pode ser direcionado para o aumento do desempenho ou para o melhora da qualidade de vida, dependendo da forma de prescrição.

Exercício de força

Os estudos envolvendo o exercício de força e a saúde são mais escassos na literatura que os existentes sobre o exercício aeróbio. Foi somente depois da década de 1950, com base nos estudos iniciais de Thomas De Lorme (De Lorme e Watkins, 1948), que o treinamento de força passou a configurar como parte integrante de um programa de exercícios para a melhora da saúde. Atualmente, as evidências científicas apontam que o treinamento de força pode proporcionar à saúde efeitos protetores contra doenças crônicas de forma semelhante aos do exercício aeróbio. Por essa razão, ACSM (1998; 2002) e AHA (Pollock et al., 2000; Fletcher et al., 2001.) sugerem a inclusão desse treinamento para adultos saudáveis. No entanto, a prescrição do exercício de força requer maiores cuidados, pois muitas variáveis precisam ser controladas. Dessa forma, são listadas as principais variáveis do treinamento de força e as recomendações de prescrição quando voltadas para a saúde. Não são contempladas as recomendações para finalidades estéticas ou desportivas. A Tabela 2.2 resume a prescrição do treinamento de força para pessoas com diferentes níveis de condicionamento físico.

Figura 2.2 - A musculação é um dos principais exercícios para aumentar a força muscular. O aumento da massa muscular, no entanto, depende também de fatores, como alimentação, repouso e predisposição genética.

- Frequência semanal: segundo o ACSM (1998) e a AHA (Pollock et al., 2000), a frequência mínima por semana é de duas vezes. No entanto, pessoas experientes nesse tipo de treinamento podem se exercitar até cinco vezes por semana (ACSM, 2002).
- Intensidade: aparentemente, indivíduos destreinados podem obter ganhos significativos na força muscular quando treinam com cargas relativamente baixas (60% de uma repetição máxima - 1 RM) (Rhea et al., 2003). Isso se deve ao efeito de ajuste neuromuscular, que antecede à manifestação hipertrófica. Por essa razão, pessoas iniciantes poderiam treinar com cargas relativamente menores, sem que essa estratégia comprometa o resultado. Porém, a recomendação do ACSM (2002) também sugere que sujeitos iniciantes possam treinar

realizando repetições até a exaustão. Nesse caso, a carga deveria ser estipulada para que se completassem 8 a 12 RM. Pessoas experientes poderiam treinar com cargas mais elevadas, quais sejam, 80% de 1 RM (Rhea et al., 2003) ou realizar de 1 a 12 repetições com a maior carga possível (ACSM 2002). Em termos práticos, a determinação de 1 RM não é um procedimento simples, especialmente em indivíduos poucos familiarizados com o treinamento de força. Assim, existe grande possibilidade de subestimação da carga encontrada, o que compromete o desenvolvimento do treino. Por essa razão, é mais usual a escolha da carga necessária para a realização de um determinado número de repetições, na estratégia metodológica denominada tentativa e erro. Isso significa que uma carga é estipulada aleatoriamente para completar um determinado número de repetições. No caso de a carga ser muito alta ou muito leve, deve ser modificada. Também é possível utilizar a escala de Borg (Anexo 2).

- Duração: a AHA (Pollock et al., 2000) sugere a duração de uma sessão de treinamento de força entre 30 e 60 min. No entanto, a duração da sessão depende do número de séries, do número de repetições e da quantidade de exercícios, que serão comentados a seguir.
- Número de séries: pessoas iniciantes poderiam ser submetidas a um protocolo de treinamento composto por série única. No entanto, o estudo meta-analítico de Rhea et al. (2003) mostrou que séries adicionais poderiam possibilitar um efeito proporcionalmente maior sobre o ganho de força. Nesse sentido, os autores sugerem até quatro séries de cada exercício para pessoas que estão iniciando o treinamento. De forma semelhante, pessoas treinadas seriam beneficiadas com a realização de múltiplas séries, sendo quatro uma quantidade também adequada.

- Número de repetições: como foi visto no tópico sobre intensidade, pessoas iniciantes poderiam realizar de 8 a 12 repetições em cada exercício, desde que a carga fosse ajustada para tais repetições. Já indivíduos experientes poderiam realizar de 1 a 12 repetições, com o mesmo ajuste de carga (ACSM 2002). Um número maior de repetições pode ser desenvolvido, porém, a carga será proporcionalmente menor, fato que pode interferir no ganho da força muscular.
- Quantidade de exercícios: indivíduos que buscam a manutenção da saúde devem realizar exercícios para os principais grupamentos musculares, com exercícios uniarticulares e multiarticulares. Para essa finalidade, a AHA (Pollock et al., 2000) recomenda algo em torno de 8 a 10 exercícios, o que parece contemplar de forma satisfatória o objetivo proposto. Cabe ressaltar que os exercícios destinados à saúde e à qualidade de vida devem permitir a transferência de força para ações cotidianas. Nesse caso, é interessante optar por exercícios que trabalhem, sobretudo, os músculos dos membros inferiores, tórax (peitoral e costas) e tronco (abdominal e lombar).
- Ordem dos exercícios: tradicionalmente, os exercícios que envolvem os grandes grupos musculares são realizados antes dos exercícios para os menores grupos musculares. A atenção para esse aspecto da prescrição pode ser interessante quando se pretende otimizar objetivos extremamente específicos (por exemplo, atletas de alto rendimento). Alguns estudos conduzidos pelo nosso grupo de pesquisa (Simão et al., 2005; 2007) mostraram que algumas diferenças em valores absolutos no desempenho em sessões de exercícios de força realizadas em diferentes ordens foram relativamente pequenas, mesmo utilizando repetições até a fadiga. Em se tratando de manutenção da saúde, a atenção para a ordem dos exercícios pode não ser muito relevante.

- Intervalo de recuperação: por causa das diferenças entre as cargas mobilizadas, pessoas iniciantes podem descansar de 1 a 2 min entre as séries e os exercícios, e pessoas treinadas descansariam de 2 a 3 min.
- Velocidade de execução: para pessoas de qualquer estado de treinamento, quando o objetivo é melhorar a saúde, a velocidade de execução do exercício de força deve ser mantida de forma que cada uma das fases concêntrica e excêntrica seja realizada entre 1 e 2 segundos.
- Tipo de programa: a literatura reporta diversas possibilidades de montagem de um programa de treinamento de força, como alternado por segmento, concentrado por articulação, circuito etc. No entanto, a literatura não informa a eficiência de um programa sobre o outro. A escolha pelo melhor programa, quando voltado para a saúde, está relacionada a fatores, como estado de treinamento, disponibilidade de tempo e motivação.
- Respiração: não existem evidências na literatura sobre a questão respiratória durante o exercício de força para indivíduos assintomáticos. De maneira geral, sugere-se evitar a manobra de Valsalva, que consiste na produção de força com bloqueio respiratório. Esse procedimento eleva a pressão arterial além do aumento proporcionado pelo exercício. No entanto, quando a pessoa é muito bem treinada e não apresenta limitações clínicas, a manobra de Valsalva pode ser realizada sem repercutir riscos cardiovasculares. À exceção disso, a pessoa que está realizando o treinamento de força não precisa se preocupar com qualquer tipo de padrão respiratório.

Flexibilidade

O estudo sobre a flexibilidade, assim como ocorre com força muscular, ainda é recente sobre a saúde. Não se sabe, por exemplo, qual a ótima amplitude de movimento para evitar dores musculares. Isso foi passível de verificação em uma pesquisa em que se observou que elevada flexibilidade no quadril e baixa flexibilidade no tronco estavam associadas à lombalgia (Polito, Maranhão Neto e Lira, 2003).

Em relação ao exercício, as dúvidas são ainda maiores. Nesse caso, a flexibilidade deve ser compatível com a exigência do exercício. Por exemplo, um praticante de corrida não necessita da mesma flexibilidade que um praticante de futebol. Caso o corredor apresente a mesma amplitude de membros inferiores que um jogador profissional de futebol, ele não necessariamente vai estar menos sujeito a lesões. No entanto, o jogador de futebol que apresenta baixa flexibilidade pode estar mais predisposto a se lesionar, uma vez que sua modalidade esportiva requer uma amplitude maior de movimento do que o simples ato de correr. Essa proteção quanto a lesões somente ocorre em longo prazo, em razão das modificações neurais e musculares do exercício de alongamento.

A realização isolada do alongamento antes ou após um esforço físico, segundo os dados disponíveis na literatura científica, não tem relação com a incidência de lesões (Herbert, Gabriel, 2002; Tacker, Gilchrist, Stroup e Kimsey, 2004). Dessa forma, o treinamento de flexibilidade somente proporcionará algum benefício quando realizado de forma sistemática. Para tal, algumas sugestões podem ser retiradas da literatura:

Figura 2.3 - A flexibilidade é uma qualidade física por vezes negligenciada em programas de treinamento físico, mas está relacionada à qualidade de vida, sobretudo, em pessoas idosas.

- Tipo de alongamento: o alongamento estático passivo é o mais seguro e, por isso, deve ser o mais utilizado em pessoas não atletas. Outros tipos de alongamento, como o dinâmico e a facilitação neuromuscular proprioceptiva, aumentam substancialmente as chances de lesão e somente deveriam ser utilizados em casos específicos.
- Intensidade: usualmente, a determinação da intensidade em exercícios de alongamento é realizada de forma subjetiva, já que pouco se utiliza a observação dos graus de amplitude. Assim, o alongamento deve ser conduzido até uma amplitude próxima da máxima, para que as estruturas envolvidas no aumento da flexibilidade (como o pró-colágeno) possam ser estimuladas de forma adequada.
- Duração: existem dúvidas quanto ao melhor tempo para a manutenção da amplitude. Porém, normalmente, a posição é mantida em intervalos de tempo entre 10 e 30 segundos. A duração da sessão de alongamento depende da quantidade de exercícios escolhidos e do número de séries realizadas, podendo chegar até 30 min. De qualquer forma, a frequência semanal mínima sugerida é de três vezes.
- Número de séries: ainda não se encontra estabelecido. Normalmente, são prescritas até três séries para cada alongamento.
- Quantidade de exercícios: ainda não se encontra estabelecida. Os grupos musculares solicitados são mais importantes que a quantidade de exercícios. Nesse sentido, a ênfase deve ser maior nos grupos musculares que necessitem de maiores amplitudes.

Treinamentos combinados

Existem alguns relatos sobre a possibilidade de um tipo de treinamento (aeróbio, força ou flexibilidade) interferir no outro, quando realizados seguidamente na mesma sessão. No entanto, a maioria dessas investigações utilizou delineamento envolvendo intensidades muito elevadas. Além disso, a alteração de rendimento, quando houve, foi próxima de 10%. Em pessoas não atletas, a realização de um treinamento imediatamente antes de outro não deve repercutir de forma significativa no desempenho.

Observações

Os efeitos do exercício estão condicionados ao estado clínico da pessoa. Dessa forma, é imprescindível uma avaliação pré-participatória envolvendo as rotinas médica, física e nutricional. Além disso, características fisiológicas individuais, como alterações hormonais provenientes do ciclo menstrual, podem alterar a tolerância ao esforço.

Estudo de caso – treinamento de força como forma de reduzir os triglicérides sanguíneos

Homem, 34 anos, 170 cm, 70 kg e sedentário. Apresentava 122 mm de somatório de dobras cutâneas (peitoral, abdômen e coxa) e 283 $mg.dL^{-1}$ de triglicérides. O indivíduo iniciou um treinamento de força de 12 semanas de duração (três vezes por semana) nos exercícios supino horizontal e inclinado, extensão de perna, puxada no *pulley*, remada, flexão de perna, tríceps no *pulley*, agachamento na máquina, desenvolvimento e rosca bíceps. Foram realizadas duas séries de 3 a 20 repetições (intervalo de recuperação de 50 s a 3 min) com intensidade entre 40% e 95% 1 RM. Após o treinamento, não foi identificada alteração no peso corporal, mas houve redução de 8,9% no somatório das dobras cutâneas e de 37,5% nos triglicérides. Além disso, a força máxima aumentou em todos os exercícios, variando de 8% a 30%.

Fonte: Dalsotto et al. (2005).

Tabela 2.1 – Sugestões de intensidade e duração do exercício aeróbio para pessoas com diferentes níveis de condicionamento físico

Nível de condicionamento físico	Características iniciais do indivíduo	% da FCres	% da FCmáx	Escala de Borg	Duração diária
Muito baixo	Sedentário (entre 6 e 12 meses sem praticar qualquer atividade física) e portador de doenças crônicas (obesidade, diabetes tipo 2, hipertensão arterial, coronariopatia)	28% a 40%	50% a 60%	Fraco	20 a 30 min
Baixo	Sedentário, sem apresentar doenças crônicas preexistentes	40% a 58%	60% a 70%	Moderado	20 a 30 min
Intermediário	Ativo (praticante regular de atividades físicas de baixa exigência metabólica)	58% a 70%	70% a 80%	Moderado-forte	30 a 60 min
Elevado	Treinado (praticante regular de atividades físicas com elevada exigência metabólica)	70% a 83%	80% a 90%	Forte	30 a 60 min
Muito elevado	Muito treinado (atleta profissional ou amador)	Maior que 83%	Maior que 90%	Muito forte	30 a 60 min

Obs.: as características dos indivíduos estão relacionadas ao momento em que se começa o treinamento. Obviamente, com o aumento do VO_2máx, é possível, por exemplo, uma pessoa sedentária e hipertensa exercitar-se com intensidade mais elevada que a inicialmente sugerida.

É interessante realizar um período de aquecimento e de volta à calma de, aproximadamente, 5 min cada um na própria atividade, com intensidade mais reduzida que a habitual. Os valores de duração dessa tabela correspondem à atividade principal do esforço. Não deve ser somado a esse tempo o período de aquecimento ou de volta à calma.

Tabela 2.2 – Sugestões da prescrição do treinamento de força para pessoas com diferentes níveis de condicionamento físico

Nível de condicionamento físico	Iniciantes	Intermediários	Treinados
Carga	60% a 70% de 1 RM	70% a 80% de 1 RM	Maior que 80% de 1 RM
Séries	1 a 3	2 a 3	Mais de 3
Repetições	8 a 12	6 a 12	6 a 12
Intervalo de recuperação	1 a 2 min	1 a 3 min	1 a 3 min ou mais
Frequência semanal	2 a 3 dias	3 a 4 dias	4 a 6 dias

Fonte: adaptado de Kraemer e Ratamess (2004).

Obs.: deve-se realizar um breve aquecimento antes do início da sessão, constituído de, aproximadamente, 15 a 20 repetições dos dois primeiros exercícios com metade da carga usualmente aplicada no treinamento.

Exercícios físicos para gestantes

3

A gestação compreende o tempo em que o embrião se desenvolve no útero materno, variando em média entre 38 e 42 semanas. Nesse período, a gestante pode estar sujeita a algumas alterações fisiológicas, de maior ou menor intensidade, tais como aumento da frequência cardíaca, volume de ejeção, débito cardíaco e VO_2 de repouso; dilatação ventricular diastólica esquerda; elevação no volume sanguíneo com relativa redução de hemoglobina; menor tolerância à glicose; resposta hipoglicêmica ao esforço elevado ao final da gestação; aumento da lordose e da compressão patelofemoral (por causa do peso corporal). Além disso, a gestante pode desenvolver algumas doenças, como diabetes gestacional (em razão da elevada produção de lactogênio placentário, que concorre à ação da insulina) e hipertensão arterial gestacional (em razão da combinação de fatores genéticos e ambientais). No caso da diabetes gestacional, as consequências determinam maiores chances de macrossomia fetal (feto com mais de 4 kg). A macrossomia fetal, por sua vez, pode repercutir em mortalidade fetal (por causa da cardiomiopatia hipertrófica, síndrome do desconforto respiratório e hipoglicemia), morbidade materna (por causa da morte intrauterina, ruptura prematura de membrana e parto prematuro), maiores chances de o feto desenvolver obesidade, dislipidemia e diabetes tipo 2 na vida adulta e diabetes tipo 1 na infância (Kerche et al., 2005). Também aumenta o risco de macrossomia fetal à gestante que engorda mais de 16 kg durante a gravidez. Em relação à hipertensão arterial gestacional, os riscos incluem isquemia e hipóxia placentária, disfunção endotelial e comprometimento dos sistemas renal, hepático e cerebral da mãe (Peraçoli e Parpinelli, 2005). No entanto, dados da literatura apontam que tanto a diabetes quanto a hipertensão gestacional podem ser controladas com alimentação adequada e, sobretudo, com a prática regular de exercícios. Por exemplo, uma atividade aeróbia de baixa intensidade (cerca de 50% do VO_2máx), realizada três vezes por semana, 20 min por dia, durante quatro semanas, pode normalizar os níveis glicêmicos (ACOG, 2002). Já qualquer atividade física regular no início da gestação pode reduzir em até 35% os riscos de hipertensão arterial (Sorensen et al., 2003).

FIGURA 3.1 - Manter hábitos de exercícios regulares e adequados na gestação pode evitar complicações como diabetes gestacional e hipertensão gestacional.

No entanto, a pesquisa envolvendo o exercício físico e a gestação em humanos ainda é escassa, por razões éticas e pelo fato de cada mulher poder apresentar respostas fisiológicas diferenciadas, até quando submetidas ao mesmo protocolo de treinamento. Dessa forma, uma recente revisão de literatura (Kramer e McDonald, 2006) concluiu que o exercício é comprovadamente eficaz apenas para manter ou aumentar o condicionamento físico da gestante, não existindo dados suficientes para inferir sobre possíveis benefícios para a mãe ou alterações no feto. Nesse contexto, para que a prescrição do exercício possa ser realizada com segurança, algumas medidas precisam ser observadas. Nos tópicos a seguir, serão apresentadas as sugestões de exercícios para a gestante. Foram utilizados como fontes as recomendações do American College of Obstetricians and Gynecologists (ACOG) e estudos originais publicados em periódicos científicos relacionados à área.

Tipo de exercício

Em pesquisa realizada nos Estados Unidos, foi verificado que as mulheres grávidas são mais sedentárias que as não grávidas (Petersen, Leet e Brownson, 2005). Nessa mesma pesquisa, os autores também observaram que as grávidas que se exercitam preferem atividades de baixa intensidade, como a caminhada (45% de adesão). Esse tipo de atividade é a mais recomendada pelo ACOG, envolvendo também as atividades na água e o cicloergômetro. Tais exercícios são simples no que se refere à prescrição, execução e ao controle do volume e da intensidade de esforço. Porém, outras atividades podem ser sugeridas, especialmente para as mulheres que já se exercitavam antes da gestação. Por exemplo, Paisley e Mellion (1988) não veem problemas na execução de atividades recreativas, como jogos, desde que a intensidade e o volume sejam controlados. O exercício de força também pode ser prescrito, com igual controle de volume e intensidade. Esse tipo de treinamento, ainda, foi introduzido em um programa de exercícios para gestantes sedentárias com diabetes gestacional e mostrou bons resultados e segurança (Brankston et al., 2004). O exercício de alongamento também pode compor a rotina de atividades físicas de uma gestante. No entanto, a progesterona e, sobretudo, a relaxina, induzem à lassidão ligamentar nas semanas finais da gestação, tornando a mulher mais flexível. Por isso, deve existir um cuidado maior no exercício de alongamento quando aplicado com amplitudes máximas. Atividades realizadas no meio líquido podem ser interessantes porque a pressão hidrostática da água auxilia na redistribuição do fluido extravascular, atenuando as respostas de pressão arterial sistólica e diastólica.

Os exercícios que não seriam indicados à gestante compõem as atividades que possuem: impacto, movimentos balísticos, intensas e súbitas mudanças de direção, movimentos profundos da articulação, contato físico, altas exigências de força, caráter competitivo e equilíbrio. Também seriam desestimuladas atividades como mergulho profundo (em razão da descompressão) e aquelas realizadas em elevadas altitudes (em razão da hipóxia).

Figura 3.2 - O exercício na água é um dos mais indicados para a gestante. Porém, não estão descartados exercícios como caminhada, ginástica localizada e musculação, desde que supervisionados.

Volume de treinamento

Sugere-se uma frequência mínima de três sessões semanais. No entanto, não existe uma recomendação fechada em relação ao tempo de exercício diário. Pode-se esperar que a gestante permaneça em torno de 30 a 60 min se exercitando, dependendo do seu estado de condicionamento. Não obstante, mesmo as gestantes treinadas não devem se exercitar mais de 15 min em intensidades muito elevadas.

Intensidade do treinamento

Em atividades aeróbias, o posicionamento da ACOG, em 1985, recomendava que a frequência cardíaca não ultrapassasse 140 bpm. Em outras palavras, essa intensidade seria algo em torno de 70% da frequência cardíaca máxima em mulheres jovens. No entanto, em 1994, a ACOG retirou o ponto de corte de 140 bpm para o limite de intensidade do exercício, uma vez que mulheres grávidas que se exercitaram com valores mais elevados não reportaram complicações. Isso se aplica, sobretudo, a mulheres bem condicionadas antes da gravidez. Um estudo (Kardel, 2005) verificou que, durante a gestação, mulheres conseguiram manter uma média de aproximadamente 6 h semanais de treinamento (inclusive treinamento de força muscular), com gasto energético estimado em 35 mets. Vale ressaltar que o estudo foi realizado com mulheres bem treinadas e com monitorização frequente. Além de manterem intensidade relativamente alta nas sessões durante a gestação, as participantes e os respectivos fetos não apresentaram quaisquer complicações antes, durante ou depois do parto. Porém, mesmo que o exercício de intensidade elevada possa ser tolerado e seguro para certas mulheres, existe a possibilidade de o feto nascer abaixo do peso (Bell, 2002). Além disso, os valores de repouso e de exercício da frequência cardíaca durante a gestação podem estar alterados em relação ao período pré-gestacional. Assim, a utilização da escala de Borg (Anexo 2) pode ser uma estratégia viável para monitorizar o treinamento.

No exercício de força, a intensidade não deve ser máxima, para não proporcionar um aumento demasiado da pressão arterial. A utilização da escala de Borg também parece ser um auxílio válido, pois essa estratégia é encontrada na literatura especializada (Brankston et al., 2004).

As pesquisas são escassas sobre a relação entre a intensidade do exercício e as complicações maternas e, sobretudo, fetais. Uma das suposições é que o exercício de elevada intensidade diminuiria o fluxo sanguíneo direcionado ao feto para suprir as necessidades dos músculos da mãe. Esse fato, porém, não parece ocorrer em intensidades até 80% da frequência cardíaca máxima.

Especula-se também que intensidade e duração elevadas do exercício podem aumentar a temperatura corporal da mãe e, durante o primeiro trimestre gestacional, comprometer o fechamento do tubo neural do feto. No entanto, a grávida tende a apresentar um mecanismo termorregulatório mais eficiente, desde que a atividade não seja realizada em ambiente quente e úmido. Talvez, o maior risco relacionado à intensidade do exercício durante a gestação seja a possibilidade elevada de o feto nascer com menos peso que os fetos das mães sedentárias, chegando a valores inferiores a 2,5 kg.

As Tabelas 3.1 e 3.2 exemplificam, respectivamente, a prescrição do exercício aeróbio e de força para gestantes.

Cuidados

O ACOG (2002) recomenda alguns critérios para a prática do exercício, podendo compor a entrevista pré-participação. Os critérios são classificados em contraindicações absolutas (em que a mulher não vai se exercitar) e contraindicações relativas (em que ela pode se exercitar desde que haja supervisão frequente) (Quadro 3.1).

Além disso, quando a gestante já está se exercitando, o ACOG (2002) recomenda a observação de sinais e sintomas para a interrupção do exercício. São eles: cefaleia, dispneia, vertigens, náuseas, algias musculares de qualquer natureza, hemorragias, ausência de atividade fetal (quando estiver presente), dificuldade de deambulação e dor torácica.

Além desses fatores, outros cuidados devem ser observados:

- Evitar a posição supina a partir do quarto mês: o peso do feto pode comprimir a veia cava inferior e a artéria aorta abdominal, diminuindo o retorno venoso da mãe e o fluxo sanguíneo para o feto, respectivamente.
- Evitar ambientes quentes e úmidos, para não ocasionar hipertermia materna.
- Estimular hidratação constante da mãe.
- Evitar atividades em água com temperatura desconfortavelmente fria ou quente.
- O aquecimento e a volta à calma devem compor a rotina de qualquer programa de exercícios para gestantes.
- Monitorização da pressão arterial antes e após o exercício.
- Em casos de infecção virótica ou bacteriana da mãe, independentemente de estado febril, o exercício deve ser suspenso até o pronto restabelecimento.

Retorno ao exercício depois do parto

A volta ao treinamento depende de alguns fatores, tais como nível de condicionamento da mãe e sua recuperação no pós-parto. Independentemente desses fatores, a opinião médica é necessária. Normalmente, após o parto vaginal, o exercício leve pode ser introduzido em uma semana, e após a cesariana, o retorno pode ser realizado entre 6 e 10 semanas (Warren, 1991). Em relação ao aleitamento, o exercício não deve interferir na lactação, mesmo quando realizado em elevadas intensidades.

Estudo de caso – hidroginástica como estratégia de redução imediata da pressão arterial em gestante normotensa

Gestante de 31 anos, 35 semanas de gestação, 160 cm, 70 kg, fisicamente ativa. Foi realizada uma aula de hidroginástica em piscina coberta, com profundidade de 1,40 m e aquecida a 28 até 30° C. A aula foi caracterizada por uma sessão de 35 min, composta por exercícios com repetições sistemáticas de movimentos orientados e intensidade de leve a moderada, segundo a escala de Borg. A pressão arterial foi medida em repouso durante 20 min na posição sentada fora da água, e após o exercício durante 60 min na mesma posição. Os valores da pressão arterial sistólica (PAS), diastólica (PAD) e média (PAM), tanto antes quanto após o exercício, são apresentados a seguir:

	Repouso	30 min pós-exercício	60 min pós-exercício
PAS (mmHg)	120	108 (-11,1%)	104 (-15,4%)
PAD (mmHg)	62	64 (+3,3%)	62 (0%)
PAM (mmHg)	81,3	78,7 (-3,3%)	76,0 (-7,0%)

Observa-se uma queda nos valores de PAS e PAM após o término da atividade, o que pode ser entendido como uma estratégia importante para diminuir os riscos de hipertensão gestacional.

Fonte: Oliveira et al. (2006).

Tabela 3.1 – Sugestão do treinamento aeróbio para gestantes com diferentes níveis de condicionamento físico

Nível de condicionamento físico antes da gestação	Tipo de exercício	Intensidade (% FCmáx)	Intensidade (escala de Borg)	Duração	Frequência semanal
Sedentária ou portadora de hipertensão gestacional ou portadora de diabetes gestacional	Hidroginástica, caminhada, cicloergômetro	Até 50%	Fraco	20 a 40 min	3 a 4 vezes
Pouco ativa (menos de 2 vezes por semana)	Hidroginástica, caminhada, cicloergômetro	Até 60%	Moderado	25 a 45 min	3 a 4 vezes
Ativa com regularidade (3 vezes ou mais por semana)	Hidroginástica, natação, caminhada, cicloergômetro	Até 70%	Moderado-forte	30 a 60 min	3 a 5 vezes
Muito ativa (atividades intensas mais de 3 vezes por semana)	Hidroginástica, natação, caminhada, cicloergômetro, *step*	Até 80%	Moderado-forte	35 a 60 min	3 a 6 vezes

Obs.: é interessante realizar um período de aquecimento e de volta à calma de, aproximadamente, 5 min, cada um na própria atividade, com intensidade mais reduzida que a habitual. Os valores de duração dessa tabela correspondem à atividade principal do esforço. Não deve ser somado a esse tempo o período de aquecimento ou de volta à calma.

física na infância perdure até a idade adulta (Myers et al., 1996) ou proporcione maiores níveis de saúde na idade adulta (Twisk, 2001).

No entanto, o número de crianças e adolescentes envolvidos com a prática regular de exercícios é baixo. Em Pelotas (RS), foi verificado que 39% dos adolescentes eram sedentários (Oehlschlaeger et al., 2004); no Rio de Janeiro (RJ), esse valor foi maior que 65% (Gomes, Siqueira e Sichieri, 2001). Infelizmente, no Brasil, não existem dados epidemiológicos em grande escala que permitem maiores inferências. Nos EUA, estima-se que mais da metade das crianças e jovens sejam sedentários (National Center for Chronic Disease Prevention and Health Promotion, 1996). As explicações para tal comportamento, no entanto, parecem ser as mesmas em ambos os países: existem relações diretas entre baixo nível social e tempo de lazer inativo (horas de TV, *videogame* e computador) com o sedentarismo. Nesse sentido, as estratégias para fomentar a atividade física entre os jovens devem abordar o poder público (acesso a áreas de lazer), a escola (reformulação da carga horária da Educação Física) e a família (estímulo ao lazer ativo). Porém, a discussão de tais fatores extrapolaria o objetivo deste trabalho.

Dessa forma, considerando a importância que o exercício possui para a melhora da saúde das crianças e jovens, nos tópicos a seguir serão apresentadas sugestões para a prescrição das atividades, assim como observações importantes a serem tomadas antes e durante a condução das atividades.

Idade e exercício

Segundo a Sociedade Brasileira de Pediatria,[1] as crianças devem participar de atividades de sua escolha, preferencialmente aquelas de caráter recreativo. Dessa forma, essa entidade recomenda que até os 7 anos de idade a criança seja estimulada a desenvolver, de forma lúdica, os movi-

[1] Disponível em www.sbp.org.br (acessado em 20.4.2007).

mentos ditos naturais, tais como correr, saltar, arremessar, pular e nadar. Nessa fase, as atividades mais indicadas seriam jogos de quadra e campo, natação, capoeira, dança, ginástica rítmica e artística, lutas e atletismo. Dos 7 aos 10 anos, podem-se incrementar as atividades anteriores com maiores exigências de velocidade e coordenação. Após os 11 anos, pode-se escolher uma única atividade a ser praticada com maiores exigências técnicas. Depois do estirão de crescimento, podem ser incrementadas atividades de força (musculação) e tornar a modalidade competitiva. No entanto, essas recomendações são de caráter geral, devendo-se observar a evolução da criança na modalidade e o seu estado de maturação para suportar as exigências físicas (vide tópico Observações).

A duração do tempo destinado ao exercício e à atividade física, segundo o recente posicionamento da American Heart Association (Pate et al., 2006), deve ser superior a 60 min por dia, na maioria dos dias da semana. Esse tempo inclui a Educação Física escolar e as demais atividades de lazer. A forma de condução das atividades deve-se ser observada, pois crianças (estágios 1 e 2 de Tanner) e adolescentes (estágios 3 e 4 de Tanner) estão mais suscetíveis a atividades envolvendo jogos intermitentes. A intensidade deve ser estipulada de acordo com os níveis de exigência. Por exemplo, em um jogo com corrida intermitente, a intensidade depende da distância percorrida e do número de corridas a serem realizadas. De qualquer forma, se a criança estiver demasiadamente cansada, a atividade deixará de ser agradável e comprometerá a adesão ao programa. Existem poucos estudos que investigaram a intensidade do exercício em crianças. Em uma revisão de literatura, Baquet et al. (2003) concluíram que intensidade acima de 80% da FCmáx é necessária para estimular adaptações significativas no VO_2máx e proporcionar benefícios fisiológicos. Além das atividades recreativas, exercícios sistematizados também podem ser aplicados a crianças e jovens. No entanto, a melhora no componente físico pode não repercutir da mesma forma que o observado em pessoas adultas. Isso se explica pelo fato de as crianças e os jovens apresentarem coração, pulmão e volume sanguíneo relativamente menores quando comparados aos do adulto. Além disso, a massa muscular e as respostas hormonais também são inferiores. A literatura é escassa de informações sobre os exercícios sistematizados direcionados a crianças e jovens, mas as informações disponíveis permitem tecer comentários importantes, os quais serão apresentados a seguir.

Exercício aeróbio

Figura 4.1 - A natação é uma das atividades mais praticadas por crianças. Contudo, atividades esportivas, como jogos de quadra e campo, lutas e ginástica, também podem ser proveitosas.

A atividade aeróbia em geral é a mais comum em ser prescrita, por ser mais fácil de ser controlada e executada. Assim, a natação, o ciclismo, a corrida, o remo e a patinação são as mais frequentes. Segundo Boisseau e Delamarche (2000), crianças e jovens adaptam-se facilmente ao exercício contínuo, podendo ser realizado durante aproximadamente 30 min na maioria dos dias da semana, com intensidade classificada como moderada (Tabela 4.1). No entanto, faltam estudos longitudinais controlados, para que se possa inferir com maior precisão sobre a melhor intensidade e duração do exercício aeróbio contínuo em crianças e jovens.

Exercício de força

Até o início da década de 1980, o treinamento de força tinha restrição quando aplicado a crianças e jovens. Especulava-se que poderia ocorrer uma calcificação prematura das epífises, comprometendo o crescimento ou, segundo a American Academy of Pediatrics (1983), a criança não teria condições de aumentar significativamente sua força. Atualmente, a American Academy of Pediatrics (2001) reconhece a aplicação do exercício de força para crianças e adolescentes. Isso foi possível por meio das publicações de autores como Pollock, Faigenbaum, Tenenbaum, Falk, Westcott e Eliakim, que permitiram melhor compreensão dos efeitos do treinamento de força quando aplicado em crianças e jovens. Por exemplo, Falk e Eliakim (2003), em um estudo de revisão, concluíram que crianças e jovens conseguem aumentar a força muscular (em razão, sobretudo, da adaptação neural) e os níveis de IGF-1, no entanto, esses autores não identificaram evidências sobre a interferência no crescimento. O ganho de força em crianças é menor do que o observado em um adulto, mesmo quando ambos são submetidos a um mesmo protocolo (Fukunaga, Funato e Ikegawa, 1992). Isso se deve à relativa menor resposta hormonal e à massa muscular quando comparadas a de um adulto.

Mesmo que o treinamento de força seja aplicado a crianças, essa intervenção, isoladamente, não é suficiente para impedir o ganho de gordura corporal. Essa evidência foi observada no estudo de Falk et al. (2002), que acompanharam meninos de, aproximadamente, 9 anos, durante 3 anos treinando força com 50% a 60% da carga máxima, duas vezes por semana em 3 a 6 exercícios. Embora a força tenha aumentado significativamente, a gordura corporal também aumentou. Isso demonstra que outras medidas, como o controle alimentar, devem estar presentes. Além do aumento da força, os objetivos do treinamento dessa qualidade física em crianças e jovens incluem menor risco de lesões em outras atividades, aumento da densidade mineral óssea (American College of Sports Medicine, 2004) e controle do perfil lipídico, glicêmico e pressórico. São poucos os estudos envolvendo o treinamento de força em crianças e, por isso, a sugestão de prescrição é limitada. Porém, a literatura recomenda equilíbrio entre os exercícios escolhidos (grupo muscular e articulação), mínimo de 5 a 6 repetições por série, número de séries entre 1 e 3, carga entre 50% e 70% de 1 RM, sessão compreendida entre 20 a 60 min, frequência semanal entre 1 e 3. Porém, em termos práticos, é difícil quantificar a carga em percentuais da carga máxima. Nesse caso, normalmente é utilizada a obtenção da carga por meio da sensação de esforço. O exemplo da sugestão do treinamento de força para crianças é ilustrado na Tabela 4.2.

Figura 4.2 - Não existem evidências científicas que contraindiquem o treinamento de força para crianças. No entanto, a prescrição deve ser supervisionada por profissional qualificado.

Exercícios de agilidade

Uma das qualidades físicas que mais podem beneficiar o aspecto físico das crianças é a agilidade. Isso ocorre pela variação de movimentos, necessidade de compreensão, tomada de decisão e socialização, comuns em atividades dessa natureza. Por exemplo, jogos recreativos exigem cooperação dos jogadores, percepção para superar o esquema adversário e a própria técnica do jogo, que normalmente inclui mudanças de direção, deslocamento lateral e de costas, manipulação de bola etc.

Observações

Crianças pré-púberes possuem limitações fisiológicas ao metabolismo anaeróbio glicolítico, sobretudo por causa das ações limitadas das enzimas fosfofrutocinase e lactatodesidrogenase. Por essa razão, esforços máximos de duração relativamente prolongada (a partir de 30 a 40 segundos) devem ser evitados. O mecanismo termorregulatório também não está completamente desenvolvido. Isso faz as crianças perderem mais calor que o adulto em atividades realizadas em ambientes frios e terem dificuldade de dissipar o calor em atividades realizadas am ambientes quentes. Nesse caso, deve-se observar o local de exercício e interromper a atividade com frequência para melhor aclimatação (ambiente frio) ou hidratação (ambiente quente). Com o início da puberdade, tais limitações vão se reduzindo e possibilitando o jovem suportar exercícios mais intensos.

O treinamento de flexibilidade não precisa ser conduzido na infância com a mesma intensidade quando aplicado a um adulto. Uma das razões é que as crianças possuem maior quantidade de elastina na sua arquitetura muscular, favorecendo a amplitude de movimento. No entanto, o alongamento não deve ser negligenciado nas sessões de exercícios para tal público, preferencialmente se realizado de forma estática passiva, com duração de 10 a 30 segundos para cada grupo muscular, em amplitude submáxima.

Tabela 4.1 – Sugestão de prescrição do exercício aeróbio contínuo para crianças

Estado de treinamento	Exercícios	Volume	Intensidade (escala de Borg)	Frequência semanal
Iniciante (nunca realizou o treinamento aeróbio)	Corrida, caminhada, cicloergômetro, remoergômetro, *step*, *transport*, cama elástica, hidroginástica, natação	20 a 40 min	Leve até moderada	2 a 3 vezes
Intermediário (realiza o treinamento aeróbio há 2 ou 3 meses)	Corrida, caminhada, cicloergômetro, remoergômetro, *step*, *transport*, cama elástica, hidroginástica, natação	20 a 45 min	Moderada até algo forte	3 a 4 vezes
Treinado (mais de 3 ou 4 meses treinando aerobiamente)	Corrida, caminhada, cicloergômetro, remoergômetro, *step*, *transport*, cama elástica, hidroginástica, natação	20 a 60 min	Algo forte até forte	4 a 5 vezes

Obs.: uma estratégia para motivar a adesão pode ser fracionar o treinamento de acordo com os equipamentos disponíveis. Por exemplo, executar o cicloergômetro, a esteira e o *step* durante 10 min sem intervalos entre eles.

É interessante realizar um período de aquecimento e de volta à calma de, aproximadamente, 5 min, cada um na própria atividade, com intensidade mais reduzida que a habitual. Os valores de duração dessa tabela correspondem à atividade principal do esforço. Não deve ser somado a esse tempo o período de aquecimento ou de volta à calma.

Tabela 4.2 – Sugestão da prescrição do treinamento de força para crianças

Estado de treinamento	Exercícios	Volume	Carga (escala de Borg)	Frequência semanal
Iniciante (nunca realizou o treinamento de força)	*Leg press*, remada aberta, mesa flexora, supino sentado, cadeira adutora, puxada aberta, cadeira abdutora, desenvolvimento na máquina, abdominal supra	2 a 3 séries de 10 a 15 repetições	Leve até moderada	2 a 3 vezes
Intermediário (iniciou o treinamento de força há 2 ou 3 meses)	Agachamento na máquina, supino articulado, mesa flexora, remada articulada, cadeira adutora, cadeira abdutora, rosca bíceps com halter, desenvolvimento com halter, abdominal supra e infra	2 a 3 séries de 8 a 15 repetições	Moderada até algo forte	3 a 4 vezes
Treinado (mais de 3 ou 4 meses treinando força)	Agachamento com barra, crucifixo, remada com halter, cadeira extensora, mesa flexora, abdução de braços, rosca bíceps com barra, flexão plantar, rosca tríceps com halter, extensão do tronco, abdominal supra e infra	2 a 3 séries de 6 a 15 repetições	Algo forte até forte	4 a 5 vezes

Obs.: para os alunos treinados, pode-se fracionar o programa de acordo com os dias na semana. Por exemplo, dois dias na semana treinar membros superiores e dois dias membros inferiores.

Deve-se realizar um breve aquecimento antes do início da sessão, constituído de, aproximadamente, 15 a 20 repetições dos dois primeiros exercícios com metade da carga usualmente aplicada no treinamento.

Exercícios físicos para a terceira idade

5

O envelhecimento é um processo complexo, que pode ser resumidamente definido como o aumento da vulnerabilidade a diversas doenças, a partir de uma faixa etária, comprometendo a saúde e a qualidade de vida (Farinatti, 2002). Dependendo dos hábitos de vida, o início do processo de envelhecimento varia na população, podendo ocorrer por volta dos 40 anos em algumas pessoas e depois dos 50 anos em outras. Mas independentemente desse início, todos os seres humanos serão afetados pelo processo de envelhecimento, ocorrendo, entre outros fatores, perda da massa muscular, diminuição da densidade óssea, enrijecimento das grandes artérias, maior espessura das pequenas artérias, aumento da pressão arterial em repouso e durante o esforço. O efeito combinado ou isolado desses acometimentos pode repercutir em menor capacidade de solicitação física, contribuindo para o sedentarismo. Isso, por sua vez, ocasiona um ciclo muito bem definido pelo Posicionamento da Sociedade Brasileira de Medicina do Esporte e da Sociedade Brasileira de Geriatria e Gerontologia (Nóbrega et al., 1999) (Figura 5.1). Dessa forma, pode-se compreender que o exercício físico possui benefícios claros para a manutenção ou o aumento da qualidade de vida na pessoa que está envelhecendo. Além disso, o exercício compõe uma das estratégias mais eficientes para a prevenção de quedas e redução do risco de fraturas nos idosos (American College of Sports Medicine, 1985). Por tais razões, dados recentes mostram que idosos fisicamente ativos possuem maior expectativa de vida que seus pares sedentários (Manini et al., 2006). Entretanto, para melhor esclarecimento dos efeitos do exercício na saúde e na qualidade de vida do idoso, seguem algumas sugestões de prescrição. A seguir, estão listados os principais tipos de exercícios recomendados para a população em questão, assim como os modelos de prescrição. Também são comentadas algumas observações relevantes.

Treinamento de força

Figura 5.1 - A musculação é uma das principais atividades que podem melhorar a qualidade de vida em pessoas idosas.

O adulto que não está engajado em um programa de treinamento de força pode perder, aproximadamente, 400 a 500 g de massa muscular por ano depois da quinta década de vida (Nelson et al., 1994). Porém, até o final da década de 1980, as pesquisas científicas não enfatizavam o treinamento de força muscular para idosos. Em 1990, o estudo clássico conduzido por Maria Fiatarone (Fiatarone et al., 1990) pôde demonstrar que idosas frágeis e com faixa etária muito elevada (média aproximada de 90 anos) possuíam capacidade de aumentar a força muscular realizando um único exercício com alta intensidade. Além do aumento em torno de 145% na força muscular, também foi verificado um aumento de quase 50% na velocidade de deslocamento. A partir dessa década, autores como Nelson, Evans, Mazzeo, Fielding e Taaffe investiram substancialmente na pesquisa sobre o treinamento de força e sua repercussão sobre a saúde da pessoa que está envelhecendo ou que está na velhice. Assim, atualmente, têm-se estabelecido alguns potenciais benefícios do treinamento de força muscular para o idoso, tais como prevenção de quedas (Liu-Ambrose et al., 2004), aumento da densidade mineral óssea (Vincent e Braith, 2002), maior eficiência em atividades diárias (Suzuki, Bean e Fielding, 2001), controle glicêmico (Dunstan et al., 2002) e pressórico (Cornelissen e Fagard, 2005) e melhora dos efeitos da depressão (Singh et al., 2005). No entanto, para a efetivação dos resultados provenientes do treinamento de força, alguns aspectos da prescrição precisam ser observados, os quais serão apresentados a seguir e podem ser visualizados de forma resumida na Tabela 5.1.

- Exercícios: os exercícios escolhidos dependem dos objetivos e de alguma eventual limitação clínica do idoso. Na fase inicial do treinamento, que deverá ter a duração de, aproximadamente, 2 a 3 semanas, é interessante que os exercícios sejam realizados em máquinas e para os grandes grupos musculares. Após essa fase de adaptação, se for possível, os exercícios devem ser prescritos com pesos livres, a fim de que ocorra uma adaptação simultânea com equilíbrio e percepção corporal. Parece não existir uma quantidade ótima de exercícios de força a serem aplicados em idosos. Esse ponto, como já mencionado, depende do objetivo que se pretende alcançar.

- Intensidade: na fase inicial do treinamento, a carga utilizada deve ser, aproximadamente, 50% de 1 RM. Após essa fase, a carga pode ser aumentada até 80% de 1 RM. Existem autores que sugerem a prescrição de repetições até a fadiga, o que não deve ser generalizado para todos os idosos. Em termos práticos, em razão da relativa dificuldade para a determinação da carga máxima em idosos, pode-se utilizar valores correspondentes à sensação subjetiva de esforço.
- Séries e repetições: a pessoa idosa possui capacidade de aumentar a força muscular. Entretanto, tal aumento deve-se mais por adaptação de recrutamento das unidades motoras que por acréscimo de proteínas contráteis. Assim, não existe a necessidade de um elevado número de séries. No período inicial de treinamento, é suficiente um número entre 1 e 3 séries. Depois dessa fase, a quantidade de séries pode permanecer em 3. Quanto ao número de repetições, existe certa dependência da carga mobilizada. Dessa forma, na fase de adaptação ao treinamento, realizado com menos carga, as repetições podem estar entre 8 e 15. Após essa fase, quando a carga tende a aumentar, as repetições realizadas podem estar entre 8 e 12.
- Ordem dos exercícios: como relatado no Capítulo 1, a ordem dos exercícios não deve ser um fator relevante para pessoas idosas.
- Intervalo de recuperação entre as séries: o intervalo de recuperação tem como finalidade proporcionar condições para a realização de um novo estímulo, mas também pode repercutir de forma inversamente proporcional sobre os valores de pressão arterial durante o esforço (Polito et al., 2004). A fim de que não ocorra uma elevação

desnecessária das respostas cardiovasculares durante o exercício, recomendam-se intervalos de recuperação entre 1 e 2 min.

- Respiração: a atenção para o aspecto respiratório baseia-se, somente, para evitar a manobra de Valsalva e, como consequencia, aumentar as respostas cardiovasculares desnecessariamente.
- Velocidade de movimento: para questões de segurança, a velocidade de execução dos exercícios de força pode ser lenta (entre 2 e 4 s para cada uma das fases concêntrica e excêntrica). No entanto, existem sugestões de prescrição com velocidade mais rápida (por exemplo, a maior possível na fase concêntrica). Essa estratégia tem como finalidade aumentar a capacidade de realização das tarefas diárias (Macaluso e De Vito, 2004) e a densidade mineral óssea (Stengel et al., 2005).
- Duração: depende do objetivo a ser alcançado. Considerando o treinamento voltado para a saúde e qualidade de vida, torna-se imprescindível a inclusão de exercícios que se aproximem do cotidiano do idoso. Nesse caso, exercícios de grandes grupos musculares, tais como agachamento, supino e remada deveriam ser incluídos. Alguns exercícios com pouca repercussão na vida diária, como, por exemplo, elevação de ombros, extensão de punho e flexão lateral de tronco, embora passíveis de serem incluídos no programa, não devem contribuir significativamente para a autonomia do idoso. O mesmo se aplica a exercícios que trabalhem mais de um grupo muscular, como a inclusão de cadeira extensora e *leg press*. Dessa forma, a quantidade de exercícios não é necessariamente um fator relevante. Isso já pôde ser demonstrado em alguns programas específicos de treinamento de força para a terceira idade, como o conduzido pelo Laboratório de Atividade Física e Promoção da Saúde da Universidade do Estado do Rio de Janeiro. Nesse programa, a duração diária é de, aproximada-

mente, 10 min, em que são treinados dois exercícios (supino e *leg press*) duas vezes por semana, com resultados significativos.

- Não obstante, no que se refere à aplicação prática, a literatura científica reporta duração diária entre 10 e 60 min e frequência semanal de 2 a 5 vezes.

Treinamento aeróbio

Um dos principais benefícios do treinamento aeróbio é a redução dos riscos para doença cardiovascular. Sua aplicabilidade para a melhora das atividades diárias é relativamente pequena e, em se tratando de aumento da densidade mineral óssea, somente será benéfico se houver impacto. Nesse aspecto, a prescrição do treinamento aeróbio é relativamente simples e deve abordar os seguintes aspectos (Tabela 5.2):

- Intensidade: a intensidade do treinamento aeróbio, quando houver teste ergométrico, deve estar entre 50% a 80% da FCres, dependendo do estado de treinamento do idoso. Na ausência de um teste específico, pode-se ainda utilizar uma escala de sensação de esforço, desde que a intensidade permaneça em um ponto consideravelmente abaixo do máximo de esforço.
- Duração: a duração do treinamento aeróbio deve estar compreendida entre 20 a 60 min, podendo ser realizada de forma contínua ou em intervalos. A frequência semanal pode ser entre 3 e 4 vezes, preferencialmente em dias alternados.
- Implemento utilizado: são sugeridos implementos que solicitem grandes grupos musculares (cicloergômetro, esteira ou atividades aquáticas) em relação aos pequenos grupos (ergômetro de braço). Isso se deve à melhor relação entre comportamento da frequência cardíaca com o VO_2.

Treinamento de flexibilidade

O treinamento de flexibilidade possui grande importância para a manutenção e melhora da autonomia no idoso, possibilitando uma maior amplitude de movimento. Mesmo que as pesquisas sobre a flexibilidade sejam extremamente escassas, parece existir uma relação direta entre aumento da idade e diminuição da flexibilidade, provavelmente relacionada ao desuso e a modificações sofridas pelo colágeno. A perda de flexibilidade com o aumento da idade pode elevar as chances de queda e, consequentemente, comprometer a qualidade de vida. Por essa razão, o treinamento de flexibilidade deve ser incluído em um programa de exercícios físicos do idoso. Para que o aumento da amplitude de movimento possa ser obtido, algumas recomendações precisam ser observadas:

- Tipo de alongamento: o alongamento estático passivo é o mais seguro e, por isso, deve ser o mais utilizado em pessoas idosas. O alongamento dinâmico ou a facilitação neuromuscular proprioceptiva aumentam as chances de lesão.
- Intensidade: o exercício de alongamento deve ser conduzido até uma amplitude próxima da máxima.
- Duração: o tempo entre 10 e 30 segundos parece ser suficiente para possibilitar resultados significativos. A duração total não precisa ser superior a 30 min e a frequência semanal mínima sugerida é de 3 vezes.
- Número de séries: ainda não foi estabelecido. Normalmente, são prescritas até 3 séries para cada alongamento.
- Quantidade de exercícios: nos idosos, os grupos musculares solicitados são mais importantes do que a quantidade de exercícios. Nesse sentido, a ênfase deve ser maior nos membros inferiores e na musculatura posterior do tronco. Ainda são escassas as informações sobre a execução do alongamento ou o aumento da flexibilidade

sobre algumas algias. Desse modo, a escolha do exercício deve ser conduzida, sobretudo, considerando as regiões com reduzida amplitude de movimento e intervenientes na autonomia dos idosos.

Equilíbrio e agilidade

O equilíbrio e a agilidade são qualidades físicas importantes a serem inseridas em um programa de exercícios para idosos. No entanto, são poucas as informações sobre a prescrição de intensidade e duração. Usualmente, a sessão para cada uma dessas qualidades físicas possui a duração de 15 min (Negrão e Barreto, 2005). A intensidade, por sua vez, depende da condição clínica e do grau cognitivo dos indivíduos (sobretudo, para o entendimento das atividades de agilidade). No entanto, os resultados encontrados na literatura são promissores. Por exemplo, Liu-Ambrose et al. (2004) verificaram que sessões de agilidade reduzem o risco de queda em idosos de forma semelhante a sessões de treinamento de força. Uma sugestão de treinamento envolvendo a agilidade e o equilíbrio é apresentada no Quadro 5.1.

Figura 5.2 - Atividades como o *tai chi* podem melhorar o equilíbrio de idosos e reduzir a chance de quedas.

Treinamentos combinados

Como já relatado no Capítulo 1, a realização de um treinamento imediatamente antes de outro não deve repercutir de forma significativa no idoso que está se exercitando. Porém, os exercícios envolvendo especialmente equilíbrio e agilidade devem ser inseridos no início da sessão, a fim de que o sujeito possa realizá-los sem a vigência da fadiga, otimizando as respostas motoras.

Observações

Os efeitos do exercício estão condicionados ao estado clínico dos idosos. Por exemplo, um idoso desnutrido ou com limitação crítica proveniente de artrose pode apresentar dificuldade para a realização dos treinamentos aqui apresentados. Dessa forma, é imprescindível uma avaliação clínica e física detalhada, em conjunto com diferentes áreas da gerontologia (nutrição, psicologia e fisioterapia) e geriatria (cardiologia e reumatologia).

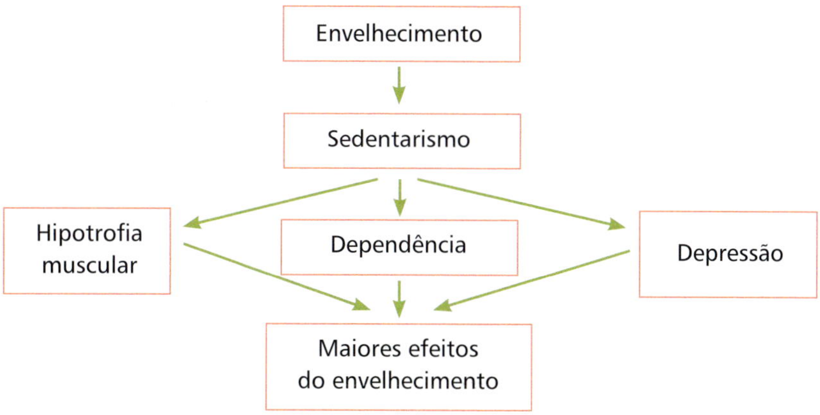

FIGURA 5.3 - Modelo esquemático dos efeitos do sedentarismo sobre o envelhecimento (Adaptado de Nóbrega et al., 1999).

Tabela 5.1 – Sugestão da prescrição do treinamento de força para idosos

Estado de treinamento	Exercícios	Volume	Carga (escala de Borg)	Frequência semanal
Iniciante (nunca realizou o treinamento de força)	Cadeira extensora, remada aberta, cadeira flexora, supino sentado, flexão plantar, abdominal supra	1 a 3 séries de 8 a 15 repetições	Leve até moderada	2 a 3 vezes
Intermediário (iniciou o treinamento de força há 2 ou 3 meses)	*Leg press*, puxada aberta, flexão plantar, desenvolvimento com halteres, extensão do tronco, rosca bíceps com halteres, abdominal supra	2 a 3 séries de 8 a 15 repetições	Moderada até algo forte	3 a 4 vezes
Treinado (mais de 3 ou 4 meses treinando força)	Agachamento livre, remada com halter, flexão plantar, supino com halteres, extensão do tronco, rosca tríceps com halteres, abdução de braços, abdominal supra	3 séries de 8 a 12 repetições	Algo forte até forte	3 a 4 vezes

Obs.: deve-se realizar um breve aquecimento antes do início da sessão, constituído de, aproximadamente, 15 a 20 repetições dos dois primeiros exercícios com metade da carga usualmente aplicada no treinamento.

Tabela 5.2 – Sugestão da prescrição do treinamento aeróbio para idosos

Nível de condicionamento	Intensidade (% da FCmáx)	Intensidade (escala de Borg)	Duração	Exercícios mais indicados	Frequência semanal
Iniciante (nunca realizou o treinamento aeróbio)	60% a 70%	Moderado	20 a 30 min	Caminhada, cicloergômetro, hidroginástica, natação	3 a 4
Intermediário (iniciou o treinamento aeróbio há 2 ou 3 meses)	70% a 80%	Algo forte	30 a 40 min	Caminhada, corrida, cicloergômetro, hidroginástica, natação, *step*	4 a 5
Treinado (mais de 3 ou 4 meses treinando aerobiamente)	80% a 90%	Forte	40 a 60 min	Caminhada, corrida, cicloergômetro, remoergômetro, hidroginástica, natação, *step*	5 a 6

Obs.: é interessante realizar um período de aquecimento e de volta à calma de, aproximadamente, 5 min, cada um na própria atividade, com intensidade mais reduzida que a habitual. Os valores de duração dessa tabela correspondem à atividade principal do esforço. Não deve ser somado a esse tempo o período de aquecimento ou de volta à calma.

Quadro 5.1 – Exemplos de atividades de equilíbrio para idosos

Iniciante	**Avançado**
Caminhar sobre uma linha demarcada no solo	Caminhar sobre a trave de equilíbrio da ginástica artística apoiada no solo
Caminhar em linha sinuosa demarcada por cones	Caminhar em linha sinuosa demarcada por cones, de frente e de costas
Caminhar apoiando os pés dentro de aros dispostos no solo	Caminhar apoiando os pés dentro de pneus dispostos no solo
Subir e descer de *step* alternando os pés	Saltitos na minicama elástica

Obs.: As atividades podem ser realizadas com diferentes velocidades, para o treinamento de agilidade. Nas atividades de caminhar, pesos adicionais podem ser utilizados nas mãos, para aumentar a intensidade do esforço.

A osteoporose e o exercício físico

6

Em mulheres brancas, a osteoporose pode ser definida como uma densidade mineral óssea (DMO) menor que 2,5 desvios-padrão da DMO de adultos jovens, com a presença ou não de fraturas. Esse problema eleva consideravelmente o risco de fraturas, mesmo sob a vigência de um trauma relativamente pequeno. Dessa forma, a qualidade de vida das pessoas que possuem osteoporose pode ser comprometida, aumentando as chances de mortalidade. Em termos normais, o ser humano desenvolve substancialmente a massa óssea durante a adolescência, mantém-na estável durante a idade adulta e inicia um processo de perda a partir dos 30 ou 35 anos para as mulheres (aproximadamente 1% ao ano) e dos 40 anos para os homens (aproximadamente 0,4% ao ano). No entanto, em razão de alterações hormonais, as mulheres podem aumentar a taxa de perda anual de massa óssea depois da menopausa (2% a 3% ao ano). Além da menopausa, outros fatores de risco para a osteoporose incluem influência genética, tabagismo, utilização elevada de cafeína, dieta inadequada de cálcio e sedentarismo. O controle dos fatores de risco é a principal estratégia para evitar os problemas decorrentes da osteoporose. Nesse aspecto, a prática regular de exercícios físicos é uma das principais providências sugeridas. A literatura aponta a eficiência do exercício físico regular no aumento da DMO, mas, por se tratar de um problema multifatorial, ainda são inconclusivos os efeitos isolados do exercício sobre a prevenção ou o tratamento da osteoporose (American College of Sports Medicine, 1985). Porém, além de estimular a formação óssea, o exercício pode aumentar a força muscular, diminuindo as chances de queda e, por conseguinte, reduzindo a possibilidade de fraturas. Segundo o posicionamento da North American Menopause Society (2006), o exercício físico é uma das principais medidas não farmacológicas para evitar ou reduzir os potenciais problemas advindos da osteoporose. Mas é importante considerar os mecanismos que regulam a formação óssea e qual o exercício mais eficiente. Assim, serão apresentadas nos tópicos a seguir as principais explicações fisiológicas para a formação do tecido ósseo e as discussões atuais sobre o exercício e sua prescrição.

Fisiologia da formação óssea

O tecido ósseo é regulado basicamente por células responsáveis pela sua formação (osteoblastos) e pela sua reabsorção ou destruição (osteoclastos). Em um adulto jovem, a massa óssea não se altera, pois tende a existir um equilíbrio entre as atividades osteoblástica e osteoclástica. Mas alguns fatores, como deficiência de estrogênio, falta de cálcio e imobilização, aumentam a atividade osteoclástica; enquanto o hormônio paratireóideo, androgênio e exercício aumentam a atividade osteoblástica (Figura 6.1) (Harada e Rodan, 2003). Dessa forma, alguns aspectos dos hábitos de vida podem estimular a retirada de substância mineral do osso (como a menopausa), diminuir a formação de substância mineral (sedentarismo) ou aumentar essa substância (exercício). No entanto, a melhor estratégia para otimizar os efeitos do exercício sobre o tecido ósseo é praticá-lo antes que a osteoporose seja diagnosticada. Caso contrário, a terapia farmacológica terá maior importância (Wallace, Cumming, 2000).

Efeito do exercício sobre a formação óssea

O processo de aumento da DMO pelo exercício é lento. Estima-se que o ciclo de formação do tecido ósseo seja de 3 a 4 meses. Nesse sentido, os efeitos do treinamento somente serão percebidos de forma significativa após 6 a 8 meses de intervenção (American College of Sports Medicine, 1985). Os efeitos do exercício ainda precisam ser analisados com cautela. Por exemplo, algumas evidências sugerem que o exercício pode aumentar a DMO em mulheres pós-menopausa em torno de 1% a 2% após 6 a 12 meses de treinamento (Nelson et al., 1994; Vincent e Braith, 2002). Em termos numéricos, os valores parecem reduzidos. Porém, há de se considerar que um aumento de 5% a 8% na DMO ocasiona um aumento da força do osso em torno de 64% a 87% (Turner e Robling, 2003). Esse aumento na força do osso é importante para diminuir estatisticamente os riscos de fraturas pela osteoporose. Como já mencionado, o exercício deve ser introduzido como rotina quando a osteoporose ainda não foi confirmada. Dessa forma, os objetivos do exercício podem ser resumidos em dois: aumentar o ganho natural de massa óssea nas três primeiras décadas de vida e diminuir a perda de massa óssea depois da quarta década (American College of Sports Medicine, 1985). As explicações fisiológicas relacionadas com o aumento da DMO por meio do exercício podem ser variadas, relacionando-se a respostas hormonais provenientes do exercício (como GH e IGF-1), intensidade do exercício e sentido do impacto e da força mecânica aplicados ao osso (Borer, 2005).

Faixa etária e exercício para a massa óssea

Aproximadamente 26% da massa óssea adulta é formada em um período de 2 anos durante a puberdade, coincidindo com a faixa etária entre os estágios 2 e 4 de Tanner (Bailey et al., 2000). Em adultos jovens (menos de 35 a 40 anos), ainda é possível estimular a formação óssea pelo exercício. Nesse caso, por um lado, dados mostram que indivíduos de ambos os sexos fisicamente ativos apresentam maior DMO que sedentários. Por outro lado, pessoas com mais de 40 anos já apresentam redução da DMO ao longo dos anos. Ainda, após a menopausa, mulheres atletas também apresentam redução da DMO (American College of Sports Medicine, 1985). Assim, para adultos, o mais importante é a manutenção da massa óssea ou a redução de sua perda.

Treinamento de força

Os estudos meta-analíticos conduzidos por Kelley e Tran (2000; 2001) sugerem exercícios realizados com impacto, com força e com o peso do próprio corpo para otimizar a formação de massa óssea em adultos. Dados semelhantes foram obtidos em estudos que investigaram a DMO em crianças e adolescentes (American College of Sports Medicine, 1985). Assim, o treinamento de força é uma das principais recomendações para o desenvolvimento da massa óssea. O estudo de Nelson et al. (1994) pode ser tomado como exemplo para ilustrar o efeito do treinamento de força sobre a densidade óssea. No entanto, os resultados desse estudo precisam ser analisados com cautela, para evitar uma interpretação inadequada. Os autores acompanharam durante 12 meses 39 mulheres sedentárias entre 50 e 70 anos sem reposição hormonal. O treinamento consistiu em cinco exercícios de força de alta intensidade, realizados duas vezes por semana.

Os resultados sobre a densidade óssea do fêmur e da coluna lombar aumentaram, em média, cerca de 1% (Tabela 6.3). Isso poderia levar o leitor a pensar que o treinamento de força realizado durante 12 meses não influenciaria significativamente a densidade óssea, mas há de se considerar também os resultados do grupo controle. Nesse caso, houve uma queda em torno de 2% na densidade óssea. Assim, o benefício do treinamento de força compreende o que foi evitado de perda mais o que foi ganho de massa óssea.

O American College of Sports Medicine (1985) recomenda que o treinamento de força seja realizado com intensidade de moderada (60% a 70% de 1 RM) a elevada (70% a 90% de 1 RM). Porém, um estudo meta-analítico recente sugere que o exercício de força deve, quando possível, ser realizado na intensidade mais elevada, visto o seu melhor resultado sobre a DMO em mulheres pós-menopausa (Martin-St James e Carrol, 2006). Segundo o American College of Sports Medicine (1985), a frequência semanal mínima deve ser de três vezes e a duração diária de até 40 min para os jovens e de até 60 min para os adultos. Não existem informações sobre a influência isolada do tipo de exercício de força, número de séries ou repetições sobre a DMO. Somente a intensidade parece ser a única variável interveniente nesse aspecto. Contudo, analisando os procedimentos metodológicos dos estudos que investigaram o exercício de força e a DMO, foram utilizados exercícios para os principais grupos musculares, número de séries entre 1 e 3, repetições entre 8 e 20 e intervalo de recuperação entre as séries em torno de 1 min. Recentemente, tem-se observado que o treinamento de força, quando realizado em velocidade (potência), pode proporcionar um resultado mais satisfatório sobre a DMO que o trabalho realizado em uma velocidade convencional (Stengel et al., 2005), o que abre possibilidades de prescrição, dependendo do estado de condicionamento do praticante. A Tabela 6.1 ilustra uma sugestão da prescrição do treinamento de força para mulheres que ainda não desenvolveram a osteoporose.

Treinamento aeróbio

Atividades de impacto e com o sustento do próprio corpo podem compor a rotina de exercícios para estimular a DMO. Dessa forma, corrida, subida e descida de escada, caminhada e jogos com corrida e/ou salto são indicados. Segundo o American College of Sports Medicine (1985), para melhor efeito sobre a DMO, o exercício aeróbio deve ser realizado com intensidade de moderada (60% a 70% da FCmáx) a elevada (80% a 90% da FCmáx) em sessões preferencialmente diárias, com duração diária de até 40 min para os jovens e de até 60 min para os adultos (Tabela 6.2). No entanto, os efeitos do exercício aeróbio sobre a DMO parecem estar mais condicionados quando ainda não ocorreu a perda de massa óssea com a idade. Ou seja, o treinamento aeróbio deve aumentar a DMO, principalmente, nas primeiras três décadas de vida. Um recente estudo mostrou que a intervenção de 12 meses de atividades aeróbias em mulheres pós-menopausa, realizadas 5 dias por semana e com intensidade de 60 a 75 da FCmáx não ocasionou modificações significativas na DMO em relação ao grupo controle (Chubak, 2006).

Treinamento de flexibilidade

O exercício de alongamento não possui características mecânicas para estimular a formação óssea em qualquer idade. No entanto, a flexibilidade é uma qualidade física que deve ser inserida em qualquer programa de treinamento, a fim de que a amplitude de movimento seja preservada e/ou aumentada (dependendo das necessidades), otimizando tanto o exercício quanto as atividades diárias. Assim, pode-se incluir exercícios de alongamento estático passivo, para os principais grupos musculares, mantendo-se uma amplitude próxima da máxima por 10 a 30 segundos (1 a 3 séries), pelo menos três vezes por semana.

Observações gerais

Os efeitos do exercício estão condicionados ao estado clínico dos participantes. Uso de anti-inflamatórios esteroides podem comprometer os resultados, assim como a vigência da denominada tríade da mulher atleta.[1] Além disso, se a osteoporose estiver diagnosticada, exercícios de impacto podem ser prejudiciais e precipitar fraturas. Dessa forma, é imprescindível uma avaliação médica, física e nutricional criteriosa antes e durante o processo de treinamento.

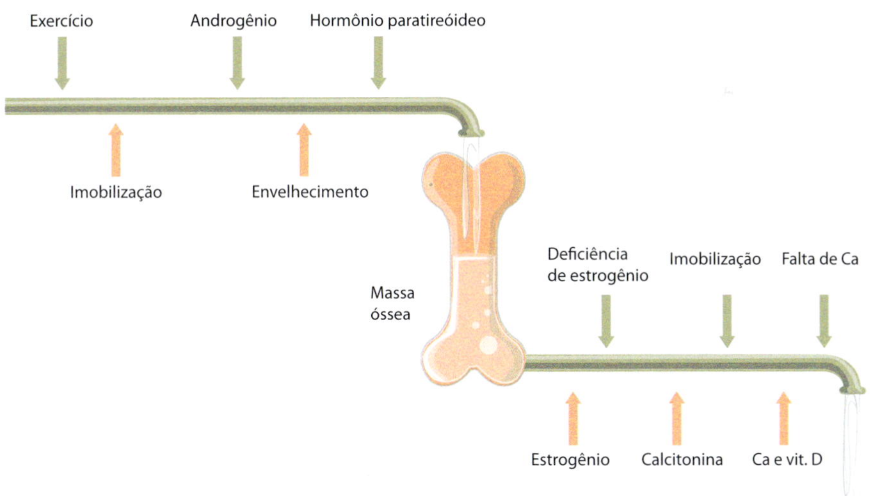

FIGURA 6.1 - Ilustração sobre a formação (parte superior) e a reabsorção (parte inferior) do tecido ósseo. As setas escuras correspondem às variáveis que estimulam a formação (exercício, androgênio e hormônio paratireóideo) ou a reabsorção (deficiência de estrogênio, imobilização e falta de cálcio). As setas vermelhas são as variáveis que diminuem a formação do tecido ósseo (imobilização e envelhecimento) ou a reabsorção (estrogênio, calcitonina e suplementação de cálcio e vitamina D). (Adaptado de Harada e Rodan, 2003).

[1] Tríade da mulher atleta: conjunto de fatores que acometem a mulher que se exercita demasiadamente. É constituída de amenorreia (interrupção do ciclo menstrual), alimentação incompatível com o treinamento e redução na massa óssea.

Tabela 6.1 – Sugestão da prescrição do treinamento de força para estimular a densidade óssea em pessoas não osteoporóticas

Nível de condicionamento	Exercícios	Séries	Repetições	Carga (% de 1 RM)	Carga (escala de Borg)	Intervalo de recuperação	Frequência semanal
Iniciante (nunca realizou o treinamento de força)	Voador, cadeira extensora, puxada aberta, cadeira flexora, remada em pé, flexão plantar na máquina, abdominal	1 a 2	10 a 20	60% a 70%	Moderado	1 a 2 min	3
Intermediário (iniciou o treinamento de força há 2 a 3 meses)	Supino na máquina, *leg press*, puxada aberta, cadeira flexora, desenvolvimento, remada, flexão plantar, rosca tríceps, rosca bíceps, abdominal	2 a 3	10 a 15	70% a 80%	Moderado-algo forte	1 a 2 min	3 a 4
Treinado (mais de 3 a 4 meses treinando força)	Supino com pesos, agachamento com pesos, puxada aberta, cadeira flexora, desenvolvimento com pesos, rosca bíceps, flexão plantar, rosca tríceps, abdominal, extensão do tronco	3	8 a 12	80% a 90%	Forte	1 a 3 min	4 a 5

Obs.: deve-se realizar um breve aquecimento antes do início da sessão, constituído de, aproximadamente, 15 a 20 repetições dos dois primeiros exercícios com metade da carga usualmente aplicada no treinamento.

Tabela 6.2 – Sugestão da prescrição do treinamento aeróbio para estimular a densidade óssea em pessoas não osteoporóticas

Nível de condicionamento	**Intensidade (% da FCmáx)**	**Intensidade (escala de Borg)**	**Duração**	**Exercícios mais indicados**	**Frequência semanal**
Iniciante (nunca realizou o aeróbio)	60% a 70%	Moderado	20 a 30 min	Caminhada, cicloergômetro, jogos com corridas e saltos	3 a 4
Intermediário (iniciou o treinamento aeróbio há 2 ou 3 meses)	70% a 80%	Algo forte	30 a 40 min	Caminhada, corrida, cicloergômetro, jogos com corridas e saltos	4 a 5
Treinado (mais de 3 ou 4 meses treinando aerobiamente)	80% a 90%	Forte	40 a 60 min	Caminhada, corrida, cicloergômetro, remoergômetro, jogos com corridas e saltos, *step*	5 a 6

Obs.: é interessante realizar um período de aquecimento e de volta à calma de, aproximadamente, 5 min, cada um na própria atividade, com intensidade mais reduzida que a habitual. Os valores de duração dessa tabela correspondem à atividade principal do esforço. Não deve ser somado a esse tempo o período de aquecimento ou de volta à calma.

Tabela 6.3 – Resultados na densidade mineral óssea no grupo experimental e grupo controle, após 12 meses de treinamento de força

	Grupo controle (sem exercício)	Grupo experimental	Valor de p
Densidade óssea femoral	-2,5 ± 3,8%	0,9 ± 4,5%	0,02
Densidade óssea lombar	-1,8 ± 3,5%	1,0 ± 3,6%	0,04

Obs.: o valor de p expressa o nível de significância estatística, sendo significativo quando seu valor for menor que 0,05.
Fonte: adaptado de Nelson et al. (1994).

Exercício físico para o controle de peso

7

Quanto à saúde, são considerados adequados para o homem valores entre 10% a 20% de gordura em relação ao peso corporal, e 15% a 25% para as mulheres. A quantidade de gordura que ultrapassa 25% do peso corporal para o homem e 32% para as mulheres determina o início da obesidade.

O excesso de peso corporal está se caracterizando como um dos maiores problemas de saúde pública mundial das últimas décadas, pois é um fator de risco independente para hipertensão arterial, doença cardiovascular e resistência à insulina. Por causa disso, estima-se que pessoas obesas e que se mantêm obesas ao longo da vida apresentem redução na expectativa de vida (Fontaine et al., 2003) (Figuras 7.1 e 7.2). No Brasil, dados do IBGE coletados entre 2002 e 2003 indicam que mais da metade da população adulta de ambos os sexos está obesa ou com excesso de peso (Tabela 7.1). Nos EUA, os valores são mais expressivos: dados do National Health and Nutrition Examination Survey, entre 1960 e 2000, mostram que a população adulta com excesso de peso manteve-se praticamente constante (cerca de 30%), e os obesos aumentaram significativamente (de aproximadamente 13% para mais de 30%) (Racette, Deusinger e Deusinger, 2003). Isso sugere que o número de pessoas classificadas como no peso adequado está se reduzindo progressivamente.

Vários são os fatores que podem estar associados com o aumento da população obesa ou com excesso de peso, tais como características genéticas (disfunção de ação da insulina, leptina, neuropeptídio Y e grelina, por exemplo), sedentarismo imposto pela tecnologia ou profissão, lazer inativo e má alimentação. Por essas razões, são necessárias estratégias de estímulo à redução ao controle do peso corporal, especialmente aquelas de caráter não farmacológico. A mais eficiente dessas estratégias é o controle alimentar. No entanto, quando o controle alimentar é combinado com a prática regular de exercícios, os resultados podem ser mais expressivos, uma vez que adaptações fisiológicas provenientes do exercício otimizam a prevenção de doenças crônicas (como hipertensão, cardiopatia e diabetes tipo 2). Porém, o exercício realizado isoladamente pode não ser suficiente para a redução do peso corporal, mas ainda é capaz de diminuir os riscos das já referidas doenças crônicas.

Dependendo do estilo de vida, o exercício físico regular pode, ainda, sobrepor-se a características genéticas. Isso foi identificado em um estudo com pares de gêmeos monozigóticos, em que somente um dos irmãos se exercitava (Williams, Blanche e Krauss, 2005). Os dados desse estudo mostram que o irmão fisicamente ativo apresentou menor índice de massa corporal e maior colesterol HDL que o sedentário. Dessa forma, considerando os potenciais benefícios do exercício, a seguir são listados os efeitos esperados dessa intervenção para o controle e a redução do peso corporal de forma isolada ou combinada com a alimentação, assim como as formas de prescrição mais citadas.

Exercício sem controle alimentar

Poucos são os estudos disponíveis a respeito dos efeitos do exercício em longo prazo sobre a redução ponderal sem controle alimentar. No entanto, parece que o exercício é suficiente para proporcionar uma discreta redução na gordura corporal e, sobretudo, para manter o peso corporal (Negrão et al., 2000). Esse fato foi observado no elegante estudo de Irwin et al. (2003), em que foi observada uma associação do exercício (caminhada, ciclismo, natação, ginástica domiciliar etc.) na redução da gordura abdominal em mulheres após a menopausa, em experimento de 12 meses sem controle alimentar. Em relação ao tipo de exercício, Garrow e Summerbell (1995), em estudo meta-analítico, observaram que o exercício aeróbio sem controle alimentar reduziu em média 3 kg no peso corporal de homens com excesso de peso após 30 semanas, sem alterar a massa magra. Já o exercício de força contribuiu para aumentar a massa magra em 2 kg, sem alterar o peso corporal. Um outro benefício esperado pela prática isolada do exercício é o aumento na taxa metabólica de repouso (TMR), principalmente no exercício de força. Esse aumento pode ocorrer tanto em pessoas sedentárias com excesso de peso (Byrne e Wilmore, 2001) quanto em pessoas treinadas com peso normal (Dolezal e Potteiger, 1998). Contudo, o aumento na TMR é relativamente pequeno (em torno de 50 a 100 Kcal/dia), o que pode auxiliar, mas não inferir significativamente na perda de peso em longo prazo. Ou seja, o gasto energético durante o esforço parece ser mais importante que o gasto em repouso proporcionado pelo exercício.

Exercício com controle alimentar

Quando ocorre controle alimentar, sobretudo, a dieta hipocalórica, é de se esperar uma redução significativa no peso corporal. Essa redução, quando atinge 5% a 10% do peso total, pode diminuir substancialmente os valores de repouso de pressão arterial, aumentar a sensibilidade à insulina e melhorar a taxa sanguínea de lipídios e lipoproteínas. Contudo, associada à diminuição da gordura corporal, também pode ocorrer uma redução na massa magra e na TMR. O exercício associado à dieta hipocalórica, além de estimular o gasto energético, pode ser interveniente para diminuir a redução da massa magra. Por exemplo, Geliebter et al. (1997) verificaram que o treinamento de força diminuiu a perda de massa muscular em uma intervenção de 8 semanas com dieta hipocalórica. Todavia, esses autores não observaram o mesmo comportamento na aplicação do exercício aeróbio. Mesmo que o exercício aeróbio não interfira na massa magra, possibilita o aumento do VO_2máx, inclusive em associação de dietas com restrição calórica. Jakicic et al. (2003) verificaram que após 12 meses de treinamento aeróbio com duas diferentes intensidades (1.000 e 2.000 kcal) e durações (aproximadamente de 190 e 160 min por semana), o VO_2máx aumentou em mulheres com excesso de peso, sedentárias e realizando restrição alimentar. Em relação à amostra de adolescentes obesos, Lazzer et al. (2004) verificaram que nove meses de intervenção de restrição alimentar e treinamento físico (aeróbio e de força) reduziram significativamente a gordura corporal sem alterar a massa magra, com diminuições também na frequência cardíaca durante o repouso, o sono, o esforço e as atividades diárias. Porém, a TMR reduziu bastante, tanto em repouso quanto durante o exercício.

Tipo de treinamento

A maioria das publicações relacionadas a exercício e controle/redução do peso corporal utilizou o treinamento aeróbio. Mas como já mencionado, o treinamento de força parece repercutir de forma significativa em relação ao treinamento aeróbio quando se trata de amenizar a perda de massa magra em dietas hipocalóricas. Segundo o posicionamento do American College of Sports Medicine (2001), não há indícios suficientes para afirmar que um tipo de treinamento é superior ao outro. Dessa forma, a estratégia mais eficiente pode ser a associação desses dois tipos de treinamento, distribuídos na maioria dos dias da semana. Além disso, atividades recreativas como jogos e passeios devem ser fomentadas, em razão do aspecto lúdico e da socialização, além de ser mais um estímulo ao gasto energético.

Volume e intensidade de treinamento

O American College of Sports Medicine (2001) preconiza um gasto energético semanal maior que 2.000 kcal pelo exercício físico. Dessa forma, a interação do volume e da intensidade deve ser realizada para atingir tal propósito. Em termos práticos, a prescrição diária de uma sessão de exercícios aeróbios deve estar compreendida entre 30 e 60 min, com intensidade a partir de 55% da FCmáx (Tabela 7.3). Em relação ao exercício de força, a prescrição envolvendo os maiores grupos musculares (aproximadamente 10 exercícios), realizando 1 a 3 séries com 10 a 15 repetições, com carga próxima da máxima, parece ser suficiente para proporcionar ganhos de força e aumentar o dispêndio energético. Nesses termos, a duração total da atividade aproxima-se daquela relacionada ao treinamento aeróbio (30 a 60 min) (Tabela 7.2).

Embora não existam evidências de que o alongamento passivo contribua significativamente para o gasto energético, a inclusão do treinamento de flexibilidade é interessante para manter ou melhorar a amplitude de movimento, facilitando a execução dos próprios exercícios.

Estudo de caso – influência do treinamento aeróbio sobre peso corporal e variáveis sanguíneas

Homem, 34 anos, 175 cm, 94 kg e sedentário. Apresentava valores elevados de triglicérides, colesterol total, colesterol LDL e valores reduzidos de colesterol HDL. Foi iniciado um programa de treinamento aeróbio (corrida e caminhada) de 100 min semanais, com intensidade correspondente de 70% a 80% da FCmáx para corrida e 60% a 70% para caminhada, sem supervisão alimentar. Após quatro meses, o treinamento foi modificado para corrida e cicloergômetro, com duração semanal de 120 a 150 min e intensidade correspondente de 80% a 90% da FCmáx. O treinamento foi mantido dessa forma, ao longo de mais oito meses, evoluindo apenas a duração semanal (160 a 200 min). Os valores de peso corporal e variáveis sanguíneas são ilustrados na tabela a seguir.

	Peso corporal	Triglicérides	Colesterol total	Colesterol LDL	Colesterol HDL
Pré-treino	94 kg	280	253	157	22
Pós-treino	84 kg	194	211	132	34
Alteração	-10,6%	-44,3%	-19,9%	-18,9%	+54,5%

Observa-se que o treinamento aeróbio sem controle alimentar foi suficiente para, em 12 meses, reduzir valores de peso corporal, colesterol LDL e total, além de aumentar o colesterol HDL.

Fonte: banco de dados do autor.

Observações

Em razão de diferenças genéticas individuais, é possível que o resultado do exercício repercuta de forma diferenciada entre os indivíduos. Além disso, pessoas que precisam controlar o peso não raro apresentam alguma doença crônica ou um nível de condicionamento físico reduzido. Por essas razões, são necessárias avaliações física e clínica para possibilitar uma prescrição o mais individualizada possível.

O sujeito obeso está mais sensível à hipertermia durante o exercício. Assim, é importante verificar o adequado controle da temperatura ambiente, ventilação e hidratação.

O uso de medicações para redução do peso ou controle de outra doença pode interferir no exercício.

Eventualmente, será necessária a modificação de algum exercício, a fim de que o sujeito obeso possa se acomodar de forma adequada.

Tendo em vista que o obeso está sujeito à hipertensão, é importante que a pressão arterial de repouso seja aferida pelo menos antes do exercício. Porém, é necessário um equipamento adequado para obeso, a fim de que os valores pressóricos não sejam alterados (Capítulo 8).

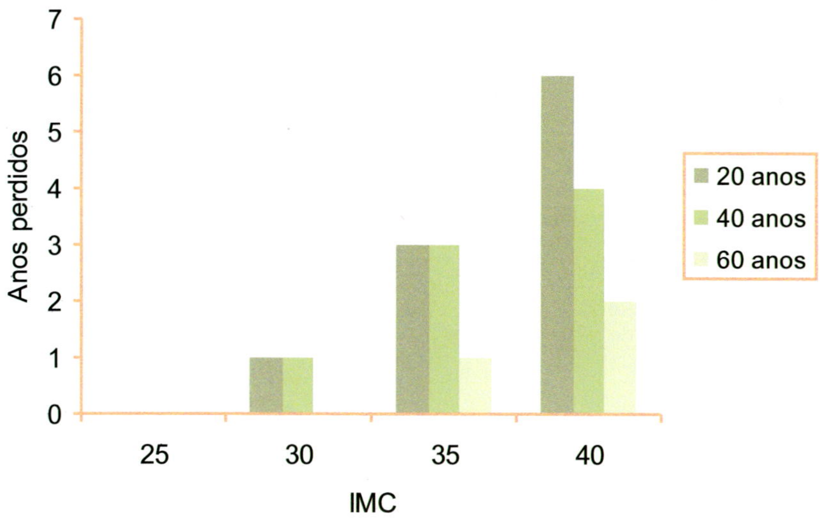

Figura 7.1 - Anos perdidos na vida de um adulto do sexo masculino se o IMC permanecer nos referidos valores. Observa-se, por exemplo, que um homem de 20 anos de idade ao permanecer com o IMC em 40 $kg.m^{-2}$ pode ter sua expectativa de vida reduzida em, aproximadamente, seis anos. (Adaptado de Fontaine et al., 2003).

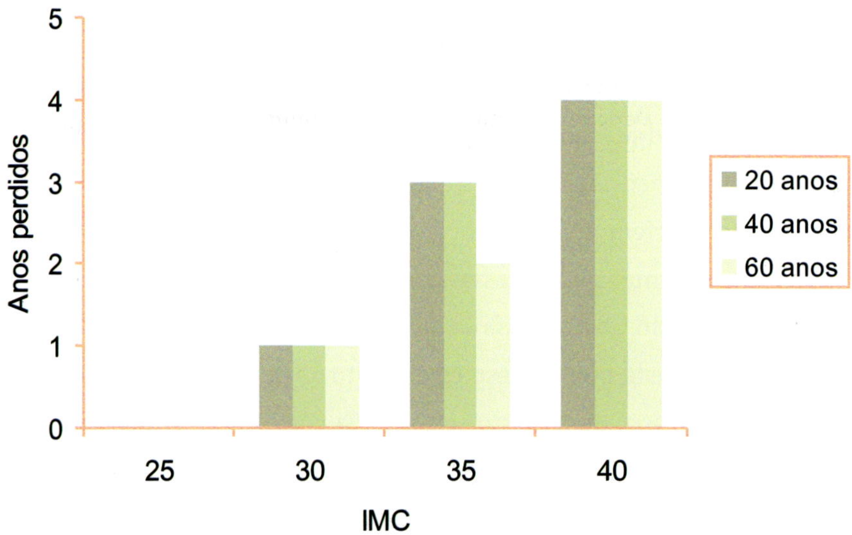

Figura 7.2 - Anos perdidos na vida de um adulto do sexo feminino se o IMC permanecer nos referidos valores. (Adaptado de Fontaine et al., 2003).

Tabela 7.1 – Distribuição percentual do peso corporal no Brasil e nas unidades da federação

Unidades da federação	Prevalência de *deficit* de peso, excesso de peso e obesidade na população com 20 ou mais anos de idade, por sexo (%)					
	Masculino			Feminino		
	Deficit de peso	Acima do peso	Obeso	*Deficit* de peso	Acima do peso	Obeso
Brasil	2,8	41,1	8,9	5,2	40,0	13,1
Rondônia	3,1	34,4	7,0	5,7	38,0	13,4
Acre	2,9	34,2	5,8	5,1	37,7	9,0
Amazonas	1,7	40,3	7,8	5,3	29,6	8,6
Roraima	1,8	42,2	11,2	3,2	44,0	13,5
Pará	2,4	34,0	8,0	5,2	37,3	11,5
Amapá	1,4	44,3	12,6	4,7	33,9	10,1
Tocantins	3,8	32,5w	5,0	5,1	29,2	7,8
Maranhão	3,3	28,3	4,4	5,9	34,2	10,2

Continua

Continuação

Unidades da federação	Prevalência de *deficit* de peso, excesso de peso e obesidade na população com 20 ou mais anos de idade, por sexo (%)					
	Masculino			Feminino		
	Deficit de peso	Acima do peso	Obeso	*Deficit* de peso	Acima do peso	Obeso
Piauí	3,9	29,4	4,9	6,9	35,1	9,5
Ceará	2,8	35,1	7,9	5,7	37,8	11,0
Rio Grande do Norte	1,5	36,9	8,9	5,2	43,0	13,1
Paraíba	2,6	34,6	7,4	6,2	39,3	11,7
Pernambuco	3,0	37,9	10,2	4,8	44,2	13,8
Alagoas	2,6	37,0	6,8	5,9	39,3	12,4
Sergipe	3,5	37,8	7,2	5,5	38,9	11,4
Bahia	4,9	28,6	4,5	7,9	37,2	11,5
Minas Gerais	3,5	37,0	7,1	5,8	39,0	13,0
Espírito Santo	2,5	40,2	8,3	4,8	43,1	13,9
Rio de Janeiro	3,1	45,9	10,5	4,9	41,8	12,7
São Paulo	2,4	47,5	11,3	4,7	40,9	14,7
Paraná	2,5	44,6	10,0	4,4	41,7	13,9
Santa Catarina	0,9	43,9	8,0	3,7	36,7	10,4
Rio Grande do Sul	2,1	49,0	11,3	3,1	48,3	18,5
Mato Grosso do Sul	2,7	48,8	10,4	4,8	40,1	12,9
Mato Grosso	2,2	41,4	7,9	6,0	36,6	11,0
Goiás	2,3	41,4	8,1	7,2	35,7	9,7
Distrito Federal	2,8	45,9	8,9	5,4	38,0	10,1

Fonte: IBGE, Diretoria de Pesquisas, Coordenação de Índices de Preços, Pesquisa de Orçamentos Familiares 2002 a 2003.

Tabela 7.2 – Exemplo da prescrição do treinamento de força para pessoas obesas

Nível de condicionamento	Exercícios	Séries	Repetições	Carga (% de 1 RM)	Carga (escala de Borg)	Intervalo de recuperação	Frequência semanal
Iniciante (nunca realizou o treinamento de força)	Voador, cadeira extensora, puxada aberta, cadeira flexora, desenvolvimento, cadeira adutora, rosca bíceps, cadeira abdutora, rosca tríceps, abdominal	1 a 2	15 a 20	50%	Fraco	Até 1 min	2 a 3
Intermediário (iniciou o treinamento de força há 2 ou 3 meses)	Supino, *leg press*, puxada aberta, cadeira flexora, desenvolvimento, cadeira extensora, remada, cadeira adutora, abdução de ombros, rosca bíceps, flexão plantar, rosca tríceps, abdominal	2 a 3	10 a 15	60% a 70%	Moderado	1 a 2 min	3 a 4
Treinado (mais de 3 ou 4 meses treinando força) Obs.: alternar as séries se a frequência semanal for superior a 4 vezes	Série A: supino, *leg press*, voador, cadeira extensora, desenvolvimento, cadeira flexora, abdução de ombros, rosca tríceps, extensão de tronco. Série B: puxada aberta, cadeira adutora, remada, cadeira abdutora, rosca bíceps, flexão plantar, abdominal	3	10 a 15	70% a 80%	Moderado-forte	1 a 2 min	4 a 5

Obs.: deve-se realizar um breve aquecimento antes do início da sessão, constituído de, aproximadamente, 15 a 20 repetições dos dois primeiros exercícios com metade da carga usualmente aplicada no treinamento.

Tabela 7.3 – Exemplo da prescrição do treinamento aeróbio para pessoas obesas

Nível de condicionamento	Intensidade (% da FCmáx)	Intensidade (escala de Borg)	Duração	Exercícios	Frequência semanal
Iniciante (nunca realizou o treinamento aeróbio)	50% a 55%	Fraco	30 a 45 min	Caminhada, cicloergômetro, atividades aquáticas	3 a 4
Intermediário (iniciou o treinamento aeróbio há 2 ou 3 meses)	55% a 60%	Moderado	45 a 60 min	Caminhada, cicloergômetro, atividades aquáticas	4 a 5
Treinado (mais de 3 ou 4 meses treinando aerobiamente)	60% a 70%	Moderado-forte	45 a 60 min	Caminhada, cicloergômetro, *step*, atividades aquáticas	5 a 6

Obs.: é interessante realizar um período de aquecimento e de volta à calma de, aproximadamente, 5 min, cada um na própria atividade, com intensidade mais reduzida que a habitual. Os valores de duração dessa tabela correspondem à atividade principal do esforço. Não deve ser somado a esse tempo o período de aquecimento ou de volta à calma.

Exercício físico para portadores de hipertensão arterial

8

Atualmente é considerado hipertenso o indivíduo adulto que apresenta valor de pressão arterial sistólica de repouso (PAS) igual ou superior a 140 mmHg e/ou diastólica (PAD) igual ou superior a 90 mmHg (Chobanian, 2003). Não obstante, quando a pressão arterial está abaixo desses valores, o indivíduo pode ser considerado pré-hipertenso (120 a 139 mmHg para PAS e 80 a 89 mmHg para PAD). Os valores ditos normais são os menores de 120/80 mmHg (Tabela 8.1). Em termos epidemiológicos, trata-se de uma das doenças crônicas mais prevalentes em diversos países, sendo estimado mais de 1 bilhão de hipertensos no mundo(Chobanian, 2003). Existem dois tipos de hipertensão arterial: a primária (ou essencial) e a secundária. Dos indivíduos que exibem hipertensão arterial, aproximadamente 5% dos casos se relacionam à hipertensão secundária, a qual ocorre em razão de alguma doença prévia, como comprometimento renal ou adrenal. Os demais casos não apresentam uma causa específica, incluindo os fatores de risco ditos modificáveis (sedentarismo, obesidade, tabagismo, alimentação) e não modificáveis (etnia, faixa etária, sexo, hereditariedade e polimorfismo genético de óxido nítrico sintetase, endotelina, enzima conversora da angiotensina, angiotensinogênio, receptor alfa-2-adrenérgico, bradicinina e peptídio atrial natriurético).

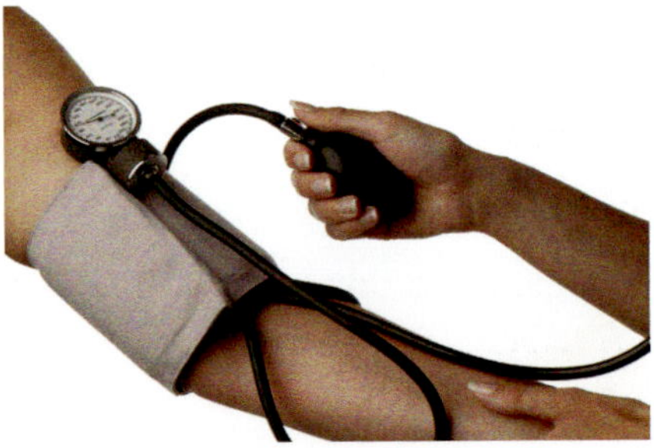

Figura 8.1 - A hipertensão arterial é uma das principais doenças crônicas mundiais e em certos casos não apresenta sintomas. Por isso, é de extrema importância avaliações médicas periódicas.

O desenvolvimento da hipertensão normalmente é lento e não apresenta sinais ou sintomas definidos. No entanto, o indivíduo hipertenso apresenta maiores chances de desenvolvimento de cardiopatia, insuficiência renal e doença arterial periférica, aumentando as estatísticas de morbidade e mortalidade. Dessa forma, é necessário um acompanhamento periódico dos valores de pressão arterial, a fim de que se possam estabelecer estratégias para a prevenção ou o tratamento dessa doença. Quando existe o diagnóstico de hipertensão, a intervenção farmacológica torna-se imprescindível. No entanto, existem procedimentos não farmacológicos que proporcionam resultados satisfatórios no hipertenso, como o controle alimentar, a redução do peso corporal e o exercício físico.

A adoção de medidas não farmacológicas contribui para reduzir os custos no tratamento, auxiliar na prevenção de outras doenças crônicas (como obesidade, diabetes tipo 2 e cardiopatia) e diminuir o impacto de substâncias químicas no organismo (por exemplo, alguns agentes anti-hipertensivos podem comprometer o perfil lipídico e o metabolismo glicídico) (Pescatello, 2005). Entre as medidas não farmacológicas, o exercício físico assume um papel importante, pois possui a característica de intervir no comportamento pressórico de forma crônica (efeito do treinamento a longo prazo) e de forma subaguda (redução da pressão arterial nas horas subsequentes ao esforço). No entanto, em razão da multiplicidade de fatores relacionados à hipertensão essencial, inclusive alterações genéticas, somente cerca de 75% dos hipertensos devem ser responsivos ao treinamento físico (Rondon e Brum, 2003).

Para melhor entendimento dos efeitos do exercício para portadores de hipertensão arterial, serão apresentadas as considerações sobre os efeitos crônicos, os efeitos subagudos e as estratégias de prescrição.

Efeito crônico do exercício sobre a hipertensão arterial

Exercício aeróbio

Está bem documentado que o exercício aeróbio proporciona redução na pressão arterial de repouso em hipertensos e normotensos. Isso é confirmado em vários estudos meta-analíticos, como o de Whelton et al. (2002), e corroborado pelo posicionamento do American College of Sports Medicine (2004). Para otimizar os resultados do exercício aeróbio sobre a pressão arterial de repouso, a intensidade mais eficiente parece ser a moderada (menos de 70% do VO_2máx) (Hagberg, Park e Brown, 2000), e a duração deve estar entre 30 e 60 min, podendo ser realizada de forma contínua ou intermitente (American College of Sports Medicine, 2004). Considerando que o indivíduo hipertenso normalmente está sob tratamento farmacológico, é possível que o princípio ativo da droga interfira nas respostas fisiológicas de esforço. Assim, pode ser interessante a utilização da escala de Borg para auxiliar na monitorização da intensidade do exercício, estando seu valor menor que "algo forte".

O efeito do exercício moderado sobre a hipertensão arterial pode ser observado, ainda, quando a prática é realizada sem supervisão (Farinatti et al., 2005), o que, de certa forma, pode ampliar a adesão. Em relação aos dias da semana, o indivíduo deve se exercitar, de preferência, diariamente. Atividades recreativas (futebol, tênis, vôlei etc.) podem ser recomendadas, mas perde-se o poder de controlar a intensidade e a quantidade total de trabalho. Assim, elas devem existir como forma de complementar o programa de exercícios físicos. A Tabela 8.2 resume as principais sugestões de prescrição do exercício aeróbio para pessoas hipertensas.

Exercício de força

Além dos benefícios do exercício aeróbio, o exercício de força também pode compor a rotina de treinamento do paciente hipertenso. Alguns estudos de meta-análise (Kelley e Kelley, 2000; Cornelissen e Fagard, 2005) reportaram que o exercício de força pode proporcionar redução de PAS e PAD, tanto em hipertensos quanto normotensos. No entanto, algumas limitações precisam ser relatadas. Primeiro, a quantidade de ensaios experimentais randomizados e controlados é significativamente menor em relação aos experimentos de treinamento aeróbio. Somado a isso, as diferentes possibilidades de prescrição do exercício de força impedem um consenso em relação ao volume e à intensidade. Mais ainda, o exercício de força pode aumentar significativamente a pressão arterial durante a sua execução. Assim, algumas estratégias precisam ser adotadas para evitar o aumento desnecessário da pressão arterial durante o esforço sem, no entanto, comprometer o ganho de força muscular. Para tal, devem ser considerados os seguintes aspectos inerentes à prescrição:

- Carga de treinamento. É preferível que seja inferior a 80% de 1 RM (Haslam et al., 1988). Por um lado, isso se justifica pelo fato de cargas até esse valor serem significativas para aumentar a força; por outro, cargas mais elevadas podem aumentar demasiadamente a pressão arterial, elevando as chances de risco cardiovascular.
- Número de repetições entre 10 e 20 (Polito e Farinatti, 2006). O treinamento com esse intervalo de repetições (e a carga ajustada) permite um aumento importante de força. Séries com muitas repetições (mais de 20) podem aumentar consideravelmente a pressão arterial ou serão realizadas com pouca carga que não representarão ganho sobre a força muscular.
- Séries sucessivas para um mesmo grupamento muscular. Devem ser evitadas quando a carga é próxima de 80% de 1 RM e o número de repetições é acima de 10 (Gotshall et al., 1999). Isso ocorre pelo fato de a série anterior poder inferir sobre a fadiga periférica, dificultando a realização da série seguinte e, consequentemente, solicitando uma demanda cardiovascular aumentada.
- Intervalo de recuperação entre as séries. É aconselhável que seja maior que 1 min (Polito et al., 2004), uma vez que intervalos muito curtos podem aumentar os níveis de fadiga, sobretudo quando a carga é próxima de 70% a 80% de 1 RM.
- Exercícios para os maiores grupos musculares. Os grupamentos menores determinam menores valores de pressão arterial durante o esforço que os músculos maiores. No entanto, esse comportamento não é proporcional. Por exemplo, foi verificado que 12 repetições do exercício extensão bilateral das pernas ocasionaram um aumento médio da PAS de 26% em relação aos valores de repouso. Quando a massa muscular foi reduzida à metade (execução unilateral), o aumento não foi reduzido à metade, permanecendo na casa de 19% em relação ao repouso (Polito, Rosa e

Schardong, 2004). Assim, pode ser interessante submeter o indivíduo a um único estresse cardiovascular de maior magnitude do que a vários estresses que não serão proporcionalmente menores.

- Evitar a manobra de Valsalva (Haykowsky et al., 2003). Essa manobra aumenta consideravelmente a pressão arterial durante o exercício e, no caso de trabalhos com cargas submáximas, não há necessidade de realização.

A Tabela 8.3 resume as principais recomendações da prescrição do exercício de força para indivíduos hipertensos.

Exercícios de flexibilidade

Exercícios comuns de alongamento (estático passivo) não parecem alterar, seja de forma crônica, aguda ou subaguda, os valores de pressão arterial. No entanto, devem ser incluídos em uma sessão de treinamento ao paciente hipertenso, a fim de que haja uma ótima amplitude de movimento para a realização dos exercícios aeróbios e/ou de força prescritos, além de manter a eficiência nas atividades cotidianas.

Mecanismos fisiológicos

Os mecanismos fisiológicos que permitem explicações sobre a redução da pressão arterial de repouso foram estudados, sobretudo, utilizando como modelo de intervenção a atividade aeróbia. Nesse caso, mesmo que tais mecanismos de redução da pressão arterial de repouso ainda proporcionem discussões, pode-se esperar que ocorram redução na atividade nervosa simpática e melhora na função endotelial. Outra possibilidade é o menor tônus simpático cardíaco, reduzindo a frequência cardíaca e, consequentemente, o débito cardíaco.

Como visto, existem várias explicações para a redução da pressão arterial pelo exercício aeróbio, uma vez que as causas da hipertensão também são variadas. Já em relação ao treinamento de força, embora estudos importantes demonstrassem redução da pressão arterial em razão desse tipo de treinamento, as evidências ainda não permitem inferir sobre os possíveis mecanismos fisiológicos responsáveis por tal redução.

Efeito subagudo do exercício na hipertensão arterial

As respostas fisiológicas observadas durante o esforço físico são denominadas agudas, e aquelas que se manifestam nos momentos subsequentes ao término do esforço são subagudas (Nóbrega, 2005). Um dos efeitos subagudos que podem ser proporcionados pelo esforço físico é a redução da pressão arterial, que pode variar de alguns minutos até várias horas. Esse efeito foi denominado por Kenney e Seals (1993) de hipotensão pós-exercício (HPE), sendo uma importante estratégia de ação não farmacológica para a diminuição da pressão arterial. O fenômeno da HPE está bem documentado em relação ao exercício aeróbio e parece ocorrer com intensidade a partir de 50% do VO_2máx e duração acima de 10 min (MacDonald, MacDougall e Hogben, 2000). Para ter relevância clínica, a HPE deve persistir pelo maior tempo possível após a atividade. Nesse sentido, a prescrição do exercício aeróbio como relatada para o efeito crônico (menos de 70% do VO_2máx e duração de 30 a 60 min) parece ser suficiente para otimizar a HPE em várias horas (Tabela 8.2). No entanto, a responsividade à HPE depende de fatores como atividade nervosa simpática e liberação de agentes vasodilatadores dependentes do endotélio. Tais mecanismos parecem não se manifestar de forma idêntica em diferentes indivíduos. Por essa razão, a HPE pode variar a partir de uma mesma prescrição de exercício.

O exercício de força também pode proporcionar HPE. Porém, a quantidade de estudos ainda é pequena e os resultados não são consensuais. Por exemplo, uma revisão sistemática sobre o assunto (Polito e Farinatti, 2006) identificou 14 estudos sobre o efeito hipotensivo do exercício de força, sendo apenas dois estudos como amostra hipertensa. De todos os estudos analisados, seis observaram de fato HPE, incluindo os dois estudos com hipertensos. Analisando a prescrição dos diferentes autores, independentemente do estado clínico da amostra, a sugestão de prescrição é pelo menos de 5 a 6 exercícios para os maiores grupos musculares, 3 séries, 10 a 15 repetições, 60% a 70% da carga máxima (Tabela 8.3). Mais recentemente, um estudo verificou que uma sessão de exercícios de força com baixa intensidade (40% de 1 RM) é capaz de causar redução na pressão arterial em hipertensos medicados, o que abre novas possibilidades de manipulação da carga (Rezk et al., 2006).

A explicação fisiológica para a HPE está mais documentada em relação ao exercício de aeróbio que o de força. Assim, estudos de autores importantes, como Cléroux, Legramante, Joyner, Halliwill e Floras, demonstraram que os mecanismos podem ser diversos. Estariam relacionados, de forma isolada ou combinada, variáveis como óxido nítrico, prostaglandina E, potássio e adenosina. Além disso, pode existir uma redução no débito cardíaco e na atividade nervosa simpática.

Medida da pressão arterial

Para a realização de uma sessão de treinamento físico, conforme a Tabela 8.1, é importante considerar o estado clínico do indivíduo. Dessa forma, é interessante verificar diariamente os valores de pressão arterial, de preferência, antes e após o esforço e eventualmente durante a sua realização.

Uma questão que merece comentários é sobre o tipo de equipamento utilizado para a medida da pressão arterial. A American Heart Association (Pickering et al., 2005) considera a possibilidade de uso de equipamentos convencionais (método auscultatório) e equipamentos automáticos ou semiautomáticos. Também considera o uso de aparelhos de braço ou punho. No entanto, o equipamento de punho deve preferencialmente ser utilizado por pessoas obesas ou demasiadamente musculosas, quando o manguito (braçadeira) não se ajusta adequadamente no braço. Em contrapartida, os equipamentos automáticos, semiautomáticos e de punho são válidos somente para a medida da pressão arterial de repouso. Durante o esforço, é imprescindível o uso do método auscultatório. Por essa razão, serão apresentadas as condições para a medida com esse método, considerando o tamanho do manguito (Tabela 8.5), a medida de repouso (Quadro 8.1), a medida durante o exercício de força (Quadro 8.2) e a medida durante o exercício aeróbio contínuo (Quadro 8.3).

Medicação anti-hipertensiva

O paciente hipertenso, ao iniciar o programa de exercício físico, possivelmente deverá estar sob ação de uma ou mais classes de drogas anti-hipertensivas. Tais medicamentos controlam, por meio de diferentes mecanismos, a pressão arterial de repouso, mas podem influenciar algumas outras respostas fisiológicas, inclusive durante o esforço físico. Por causa do uso de alguns fármacos, deve-se: estimular o aquecimento e a volta à calma, em razão da hipotensão ocasionada pela medicação; evitar exercícios com estresse térmico e observar a hidratação, apor causa da alteração termorregulatória induzida pela medicação; utilizar escala de esforço subjetivo, em razão da diminuição da ação adrenérgica da medicação. Assim, torna-se imprescindível o esclarecimento de alguns detalhes que podem ser intervenientes na prescrição. A seguir, são apresentados os principais fármacos anti-hipertensivos e, para facilitar a sua identificação, os principais nomes comerciais são ilustrados na Tabela 8.4.

Inibidores adrenérgicos de ação central

Diminuem a ação simpática para os vasos sanguíneos, por meio do estímulo dos receptores alfa-2-adrenérgicos. Podem ser efeitos decorrentes do uso dessas drogas a redução ao aumento da pressão arterial e frequência cardíaca durante o esforço, sonolência, boca seca, fadiga, hipotensão postural, cefaleia e impotência sexual.

Inibidores adrenérgicos de ação periférica

- **Alfabloqueadores**

Atuam bloqueando os receptores alfa-1-adrenérgicos. Podem reduzir a pressão arterial durante o exercício.

- **Betabloqueadores**

Quando não são de ação seletiva podem bloquear os receptores beta-1-adrenérgicos do coração (estimulam a função cardíaca) e beta-2--adrenérgicos dos músculos lisos dos vasos (causam vasodilatação). Atualmente, existem medicações seletivas, ou seja, que bloqueiam um dos dois receptores beta. Entre as reações, destacam-se intolerância ao exercício, broncoespasmo, bradicardia de repouso (inferior a 50 bpm), inibição do aumento da frequência cardíaca durante o esforço, insônia e disfunção sexual. Podem ainda ocasionar intolerância à glicose, elevação dos triglicérides e redução do colesterol HDL.

Bloqueadores dos canais de cálcio

Reduzem a resistência vascular periférica em razão da diminuição da concentração de cálcio nos músculos lisos das artérias. Os principais efeitos adversos do uso dessa classe de droga são taquicardia, náuseas, tonturas, hipotensão e edema. O edema é proporcionado pela vasodilatação arteriolar que, com a ação gravitacional, predispõe a localização de edema nos pés.

Diuréticos

A redução da pressão arterial decorrente do uso de diuréticos está relacionada à diminuição do volume hídrico e à redução da resistência vascular periférica. Principais efeitos adversos: hipocalemia (redução do potássio), fraqueza muscular, desidratação, distúrbios do ritmo ventricular e redução da pressão arterial durante o exercício.

Inibidores da enzima conversora da angiotensina

Inibem a transformação da angiotensina I no vasoconstritor angiotensina II. Um dos principais efeitos colaterais é a tosse seca. Podem, no entanto, potencializar a hipotensão pós-exercício e, quando administrado com diurético, aumentar os riscos de hipotensão postural.

Antagonistas dos receptores da angiotensina

Atuam bloqueando as ações da angiotensina II por meio do bloqueio dos seus receptores. Tais drogas não alteram o perfil glicídico ou lipídico e são os fármacos que menos efeitos colaterais proporcionam aos pacientes.

Considerações finais

Alguns procedimentos devem ser utilizados na rotina de acompanhamento do indivíduo hipertenso:

- medir a pressão arterial de repouso (Quadro 7.1);
- o exercício não deverá ser realizado no caso de a pressão apresentar valores sistólicos e/ou diastólicos da classificação "hipertenso 2";
- no caso de a classificação for "hipertenso 1", o exercício pode ser realizado, sendo a intensidade menor que a normalmente utilizada. Em se tratando da primeira sessão de exercícios, utilizar intensidade "leve" segundo a escala de Borg;
- medir novamente a pressão arterial após o término do exercício, de acordo com os procedimentos do item 1. É esperado que após 10 a 15 min de repouso, a pressão arterial retorne a valores próximos ou abaixo daqueles exibidos em repouso. No caso de a pressão arterial sistólica permanecer mais que 10 mmHg acima dos valores de repouso, recomendar um parecer médico.

Obs.: é importante anotar os valores de repouso e de pós-esforço em todas as sessões de treinamento, a fim de auxiliar o parecer médico quando necessário.

Estudo de caso

Dois homens sedentários de 58 anos e apresentando características semelhantes para pressão arterial e massa corporal. Um deles iniciou a prática regular de exercícios físicos. O treinamento foi realizado duas vezes por semana com duração média de 1 h 30 min, durante oito semanas. Além disso, houve a indicação de caminhada de 15 km semanais. Foi realizado: 1) 15 min de alongamento estático para os grandes grupos musculares durante 20 s; 2) 40 min de treinamento aeróbio, sendo 25 min em esteira e 15 min em cicloergômetro, ambos com intensidade entre 75% e 80% da FCmáx ou dez batimentos abaixo do limiar hipertensivo ou isquêmico; 3) treinamento de força nos exercícios supino sentado, puxada pela frente, rosca bíceps simultânea, tríceps unilateral, agachamento bilateral e flexão plantar bilateral, realizados em 1 a 3 séries de 12 a 20 repetições submáximas, com intervalo de 60 a 90 s entre as séries. Em todos os exercícios de força, foram utilizados como determinantes principais da intensidade do esforço valores correspondentes entre moderado e forte da escala de Borg; 4) 15 min de alongamento estático para os grandes grupamentos musculares, da mesma forma que no momento inicial. Essa estratégia de prescrição possibilitou as seguintes alterações entre os sujeitos:

	Treinado	**Sedentário**	**Diferença**
PAS (mmHg)	125	138	10,4%
PAD (mmHg)	76	83	9,2%
Peso corporal (kg)	72	90	25%
IMC ($kg.m^{-2}$)	24,5	31	26,5%

Pode-se concluir que o treinamento regular de oito semanas possibilitou alterações importantes na pressão arterial de repouso e na massa corporal.

Fonte: Martins et al. (2004).

Tabela 8.1 – Classificação dos valores da pressão arterial sistólica (PAS) e diastólica (PAD) para adultos

	PAS (mmHg)	PAD (mmHg)	Exercício
Normal	Menor que 120	Menor que 80	Prática sem restrição
Pré-hipertenso	120 a 139	80 a 89	Prática sem restrição
Hipertenso 1	140 a 159	90 a 99	Prática limitada com carga menor que a usual (ou leve pela escala de Borg)
Hipertenso 2	Maior que 160	Maior que 100	Prática impedida

Fonte: adaptado de Chobanian et al. (2003).

Tabela 8.2 – Exemplo da prescrição do treinamento aeróbio para pessoas hipertensas controladas

Nível de condicionamento	Intensidade (% da FCmáx)	Intensidade (escala de Borg)	Duração	Exercícios	Frequência semanal
Iniciante (nunca realizou o treinamento aeróbio)	50% a 60%	Fraco	20 a 30 min	Caminhada, cicloergômetro, atividades aquáticas	3 a 4
Intermediário (iniciou o treinamento aeróbio há 2 ou 3 meses)	60% a 70%	Moderado	30 a 40 min	Caminhada, corrida, cicloergômetro, atividades aquáticas	4 a 5
Treinado (mais de 3 ou 4 meses treinando aerobiamente)	70% a 80%	Moderado-forte	30 a 60 min	Caminhada, corrida, cicloergômetro, *step*, atividades aquáticas	5 a 6

Obs.: é interessante realizar um período de aquecimento e de volta à calma de, aproximadamente, 5 min, cada um na própria atividade, com intensidade mais reduzida que a habitual. Os valores de duração dessa tabela correspondem à atividade principal do esforço. Não deve ser somado a esse tempo o período de aquecimento ou de volta à calma.

Tabela 8.3 – Exemplo da prescrição do treinamento de força para pessoas hipertensas controladas

Nível de condicionamento	Exercícios	Séries	Repetições	Carga (% de 1 RM)	Carga (escala de Borg)	Intervalo de recuperação	Frequência semanal
Iniciante (nunca realizou o treinamento de força)	Supino, cadeira extensora, puxada aberta, cadeira flexora, desenvolvimento, cadeira adutora, abdominal Obs.: podem-se realizar os exercícios em circuito	1 a 2	15 a 20	50%	Fraco	Até 1 min	2 a 3
Intermediário (iniciou o treinamento de força há 2 ou 3 meses)	Supino, *leg press*, puxada aberta, cadeira flexora, desenvolvimento, cadeira adutora, remada, flexão plantar, rosca tríceps, abdominal Obs.: podem-se realizar os exercícios em circuito	2 a 3	10 a 15	60% a 70%	Moderado	1 a 2 min	3 a 4
Treinado (mais de 3 ou 4 meses treinando força)	Supino, agachamento, puxada aberta, cadeira flexora, desenvolvimento, cadeira adutora, rosca bíceps, flexão plantar, rosca tríceps, abdominal, extensão do tronco	3	10	70% a 80%	Moderado-forte	1 a 2 min	4 a 5

Obs: deve-se realizar um breve aquecimento antes do início da sessão, constituído de, aproximadamente, 15 a 20 repetições dos dois primeiros exercícios com metade da carga usualmente aplicada no treinamento.

Tabela 8.4 – Classe de droga, princípio ativo e nome comercial dos principais medicamentos de ação anti-hipertensiva

Classe da droga	Princípio ativo	Nome comercial
Inibidores adrenérgicos de ação central	Alfametildopa	Aldomet, Aldotensin, Angimet, Cardiodopa, Dopametil, Metildopa, Etildopanan
	Clonidina	Atensina, Clonesina, Clonidin
	Guanabenzo	Lisapress
Alfabloqueadores	Doxazosina	Carduran, Unoprost
	Prazosina	Minipress SR
Betabloqueadores	Atenolol	Ablok, Atenalon, Atenol, Atenolol, Atenopress, Ateneo, Atepress, Plenacor
	Pindolol	Visken, Viskaldix
	Bisoprolol	Concor
	Metoprolol	Seloken, Duriles, Selozok
	Nadolol	Corgard
	Propranolol	Antitensin, Cardiopranol, Inderal, Propranolol, Rebaten LA
Bloqueadores dos canais de cálcio	Verapamil	Cloridrato de Verapamil, Verapamil Retard, Cloridrato de Verapamila, Cordilat, Cronovera, Dilacard, Dilacor, Dilacoron, Neo Verpamil, Veracoron, Veramil, Veraval, Verapamil
	Diltiazem	Angiolong, Balcor, Cardizem, Cloridrato de Diltizem, Dilcor, Diltiacor, Diltizem
	Amlodipina	Amlodipina, Amloprax, Amlovasc, Anlodibal, Norvasc, Cordarex, Cordipina, Nicord, Pressat, Tensaliv, Tensodin, Besilato de Anlodipino
	Felodipina	Splendil
	Isradipina	Lomir
	Lacidipina	Lacipil, Midotens
	Nifedipina	Adalat, Adalex retard, Cronodipin, Oxcord, Dilaflux, Cardalim retard, Nifedipina, Neofidipina, Vasicor
	Nisoldipina	Syscor
	Nitrendipina	Nitrencord, Caltren

Continua

Continuação

Classe da droga	Princípio ativo	Nome comercial
Diuréticos	Clortalidona	Clortalil, Clortil, Higroton, Neolidona
	Hidroclorotiazida	Clorana, Diurepina, Diuretic, Diuretil, Diurezin, Diurix, Drenol, Hidroclorotiazida, Neo Hidroclor
	Indapamida	Natrilix
	Bumetamida	Burinax
	Furosemida	Diurana, Furesin, Furosemida, Furosemide, Lasix, Neosemid, Rovelan, Uripax
	Piretanida	Arelix
	Espironolactona	Aldactone
Inibidores da enzima conversora da angiotensina	Benazepril	Lotensin
	Captopril	Capoten, Capotril, Capril, Captil, Captobel, Captolin, Captomed, Catoprol, Capton, Captopiril, Captopril, Captotec, Captrizim, Cardilom, Hipocatril, Prilpressin
	Cilazapril	Vascase, Cardiopril
	Enalapril	Atens, Angiopril, Renitec, Eupressin, Enaprotec, Enalatec, Enatec, Enalamed, Enalapril, Glioten, Neolapril, Renalapril, Renipress, Enalaprila, Pressotec, Vasopril
	Fosinopril	Monopril
	Lisinopril	Zestril, Privinil
	Perindopril	Coversyl
	Ramipril	Triatec
	Trandolapril	Gopten, Odrik
Antagonistas dos receptores da angiotensina	Candesartan	Atacand, Blopress
	Irbesartan	Avapro, Aprovel
	Losartan	Aradois, Cozaar, Losartec, Losatal, Redupress, Zartens
	Valsartan	Diovan, Tareg

Quadro 8.1 – Instruções para a medida da pressão arterial de repouso pelo método auscultatório

Passo 1	**Preparação do indivíduo**	O indivíduo deve estar relaxado e sentado em um ambiente calmo por, aproximadamente, 10 min. O braço deve estar apoiado e relaxado em uma superfície estável próxima à linha do esterno, livre de qualquer vestimenta. Deve-se solicitar silêncio e imobilidade durante o procedimento de medida.
	Ajuste do manguito	O manguito deve estar ajustado no braço a, aproximadamente, 2,5 cm da fossa antecubital. Abaixo do manguito (próximo da fossa antecubital), deve-se apoiar a campânula do estetoscópio. O tamanho do manguito poderá variar de acordo com o diâmetro do braço do avaliado (Tabela 8.4). Porém, deverá exercer pressão suficiente no braço do indivíduo para limitar a entrada de um objeto, como uma caneta. Manguitos cuja fixação ocorre por meio de aderência (velcro) podem invalidar a medida, caso a aderência esteja comprometida.
Passo 2	**Inflar o manguito**	Deve-se sentir a pulsação radial no braço destinado à medida. Neste momento, inicia-se a inflação do manguito. Após o término da percepção do pulso radial, o manguito deve ser inflado mais 30 mmHg.
Passo 3	**Desinflar o manguito**	O manguito deve ser desinflado em uma razão de 2 mmHg por segundo.
Passo 4	**Determinação da pressão arterial sistólica**	A determinação do valor sistólico ocorre quando o avaliador perceber pelo estetoscópio o primeiro ruído (fase 1 de Korotkoff).
Passo 5	**Determinação da pressão arterial diastólica**	Os ruídos vão se modificando até a 5ª fase de Korotkoff (ausência de ruído), a qual caracteriza o valor diastólico
Passo 6	**Quantidade de medidas**	É interessante realizar duas medidas, com intervalo de 1 a 2 min, e considerar como valor da pressão arterial a média das duas. Caso haja diferença maior que 5 mmHg em algum valor pressórico, deve-se realizar outra medida.

Fonte: adaptado de Pickering et al.(2005).

Quadro 8.2 – Procedimentos utilizados para a aferição da pressão arterial durante o exercício de força pelo método auscultatório, segundo recomendações do Laboratório de Atividade Física e Promoção da Saúde (LABSAU/UERJ)

Passo 1	**Ajuste do manguito**	O manguito deve estar ajustado no braço do sujeito a, aproximadamente, 2,5 cm da fossa antecubital, livre de qualquer vestimenta. Abaixo do manguito (próximo da fossa antecubital), deve-se apoiar a campânula do estetoscópio. O tamanho do manguito poderá variar de acordo com o diâmetro do braço do avaliado (Tabela 8.4). Porém, deverá exercer pressão suficiente no braço do indivíduo para limitar a entrada de um objeto, como uma caneta. Manguitos cuja fixação ocorre por meio de aderência (velcro) podem invalidar a medida, caso a aderência esteja comprometida.
	Posição corporal	O braço deve estar apoiado e relaxado em uma superfície estável próxima à linha do esterno. Exercícios com elevada movimentação corporal podem comprometer a precisão da medida. Exercícios que solicitem ambos os braços devem ser desencorajados para a aferição.
Passo 2	**Durante o exercício**	É necessário estipular o número de repetições e o período de tensão em cada repetição, para que o avaliador certifique-se do tempo disponível à medida. O braço no qual ocorrerá a medida não deverá se contrair durante todo o exercício. A manobra de Valsalva pode comprometer a medida por causa do abrupto aumento da PA.
Passo 3	**Determinação da pressão arterial sistólica**	Após o início do exercício, o manguito deverá ser inflado até um valor próximo de 200 mmHg. A determinação do valor sistólico pode perdurar de 8 a 14 segundos, aproximadamente, após o manguito inflado. Para um exercício a partir de 6 RM e com tempo de tensão de dois segundos para cada fase concêntrica e excêntrica, o início da medida pode ocorrer a partir da antepenúltima repetição. O valor sistólico deve coincidir com o término do exercício, uma vez que a pressão arterial sistólica tende a ser maior nesse momento. Entretanto, em caso de erro na aferição, o manguito deverá ser totalmente esvaziado antes de uma nova medida, além de o sujeito recuperar-se adequadamente para um novo esforço. A determinação do valor sistólico é realizada da mesma forma que na medida de repouso.
	Determinação da pressão arterial diastólica	A determinação do valor sistólico é realizada da mesma forma que na medida de repouso. No entanto, considerando que o valor sistólico foi determinado no final do exercício, a pressão arterial diastólica será medida após o esforço. Assim, seu valor poderá ser subestimado, sendo essa uma limitação da técnica.

Obs.: a medida da pressão arterial durante o exercício de força pode subestimar tanto os valores sistólico quanto diastólico. No entanto, se a medida foi realizada durante o exercício (como sugerida para a pressão sistólica), o valor encontrado pode ser útil para comparação. Por exemplo, tomam-se dois exercícios de força A e B. A execução do exercício A determinou uma pressão sistólica de 150 mmHg, e a execução do exercício B, um valor de 130 mmHg. Mesmo sendo ambos os valores subestimados, pode-se inferir que o exercício A solicitou mais esforço cardiovascular que o exercício B. Para mais detalhes, ver Polito et al. (2007).

Quadro 8.3 – Procedimentos utilizados para a aferição da pressão arterial durante o exercício aeróbio pelo método auscultatório

Passo 1	**Ajuste do manguito**	O manguito deve estar ajustado no braço do sujeito a, aproximadamente, 2,5 cm da fossa antecubital, livre de qualquer vestimenta. Abaixo do manguito (próximo da fossa antecubital), deve-se apoiar a campânula do estetoscópio. O tamanho do manguito poderá variar de acordo com o diâmetro do braço do avaliado (Tabela 8.4). Porém, deverá exercer pressão suficiente no braço do indivíduo para limitar a entrada de um objeto, como uma caneta. Manguitos cuja fixação ocorre por meio de aderência (velcro) podem invalidar a medida, caso a aderência esteja comprometida.
	Posição corporal	O braço deve estar apoiado e relaxado em uma superfície estável próxima à linha do esterno. É possível utilizar o ombro ou o braço do avaliador como suporte.
Passo 2	**Durante o exercício**	É possível ocorrerem dificuldades na medida por causa do tipo de exercício praticado. Por exemplo, ruídos provenientes do equipamento (esteira elétrica), intensa movimentação corporal (corrida) ou meio inadequado (água) podem atrapalhar o processo de medida.
Passo 3	**Determinação da pressão arterial sistólica**	O manguito deverá ser inflado até um valor próximo de 200 mmHg e esvaziado em uma razão de 2 mmHg por segundo. O valor sistólico é determinado como na medida de repouso.
Passo 4	**Determinação da pressão arterial diastólica**	O valor diastólico é determinado como na medida de repouso.

Tabela 8.5 – Relação entre o diâmetro do braço e o tamanho do manguito a ser utilizado

Diâmetro do braço	Tamanho do manguito
22 a 26 cm	"adulto pequeno" – 12 por 22 cm
27 a 34 cm	"adulto" – 16 por 30 cm
35 a 44 cm	"adulto grande" – 16 por 36 cm
45 a 52 cm	manguito de "coxa adulto" – 16 por 42 cm

Fonte: adaptado de Pickering et al. (2005).

Exercícios físicos para portadores de cardiopatias

9

A doença cardiovascular é uma das que mais causa óbitos no mundo. As estatísticas brasileiras apontam-na como responsável por aproximadamente 31% dos casos de morte.[1] A razão pela qual a doença cardiovascular é tão letal está relacionada aos fatores de risco, os quais podem ser modificáveis (como os hábitos de vida) ou não modificáveis (como o código genético e a idade). Entre os fatores de risco modificáveis, existe uma forte associação do problema cardiovascular com fumo, alimentação, álcool, obesidade, hipertensão e diabetes. Além disso, nas últimas décadas, o estudo sobre os fatores de risco para a doença cardiovascular aponta a inatividade física como um dos mais importantes.

Estudos epidemiológicos, como o Framinghan Heart Study e o Nurse's Health Study, mostram que o sedentarismo é um fator de risco independente para a doença do coração. Dessa forma, as principais entidades mundiais de pesquisa sobre a saúde, como o American College of Sports Medicine (1998) e a American Heart Association (Fletcher et al.,

[1] Disponível em www.datasus.gov.br (acessado em 18.12.2006)

2001), sugerem a inclusão de um programa de exercícios para a prevenção dessa doença.

Porém, mesmo quando a doença cardíaca está presente, níveis mais elevados de condicionamento físico proporcionam menores chances de morte (Myers et al., 2002). Assim, faz-se necessário incluir programas de treinamento destinados a pessoas que possuem alguma limitação cardíaca diagnosticada. Essa medida é relativamente recente, pois somente a partir de 1960 começaram a surgir os primeiros grupos de reabilitação cardíaca tendo o exercício como estratégia incluída (Kellerman, 1993). Um dos principais benefícios do treinamento físico regular é o aumento da perfusão miocárdica, por meio da melhora da função endotelial, microcirculação, regressão de lesões arteroscleróticas coronarianas, aumento da circulação colateral, redução da viscosidade sanguínea e aumento do tempo de perfusão diastólica (Negrão e Barreto, 2005). Além disso, o aumento da força e da massa muscular é importante, pois a hipotrofia muscular é um dos fatores que contribuem para a intolerância ao exercício em sujeitos com insuficiência cardíaca. Atualmente, a reabilitação cardíaca inclui quatro fases, descritas a seguir.

Fase 1

É iniciada no hospital, após evento cardíaco, consistindo de atividades com baixa exigência metabólica (aproximadamente 2 mets), como, sentar-se, deitar-se, tomar banho, vestir-se e breves caminhadas.

Fase 2

O paciente já teve alta hospitalar, mas preferencialmente retorna ao hospital para a realização de exercícios monitorizados, como ciclismo estacionário, caminhada e atividades com pesos. O grau de esforço pode ser aumentado de acordo com as respostas do indivíduo. Nessa fase, é iniciado o processo de automonitorização do paciente.

Fase 3

Após dois meses do acometimento cardiovascular, não há necessidade de monitorização intensiva, mas o exercício deve ainda ser realizado com supervisão, seja domiciliar ou em centros de treinamento (academias ou clubes).

Fase 4

Nessa fase, o paciente pode se automonitorizar, realizando exercícios independentemente de supervisão.

A prescrição do exercício para o cardiopata deve considerar o tipo de doença, o grau de acometimento e intervenção cirúrgica (se for o caso). Assim, é imprescindível uma avaliação clínica criteriosa antes do início do treinamento, necessariamente composta por teste de esforço máximo monitorizado.

A seguir, serão apresentados os exercícios físicos mais indicados para a pessoa cardiopata, com sugestões de intensidade e volume.

Treinamento aeróbio

O treinamento aeróbio é o mais indicado para uma pessoa cardiopata em razão da facilidade de prescrição, controle de volume e intensidade e monitorização. Dessa forma, podem ser sugeridas atividades que solicitem grandes grupos musculares (cicloergômetro, caminhada, atividades aquáticas), realizadas de forma cíclica, com duração entre 30 e 60 min e frequência semanal de 3 a 6 vezes (Tabela 9.1). A duração do esforço pode ser fracionada em intervalos menores, dependendo da tolerância do esforço relatada pelo paciente. A intensidade deve ser de leve a moderada, ou seja, em torno de 50% a 70% da frequência cardíaca de reserva (Capítulo 1). Quando não há avaliação clínica pré-participativa, a recomendação do American College of Sports Medicine (2000) sugere intensidade não superior a 20 bpm da frequência cardíaca de repouso, com duração de 30 a 45 min, realizada de forma contínua ou intermitente, dependendo do grau de tolerância do paciente ao esforço.

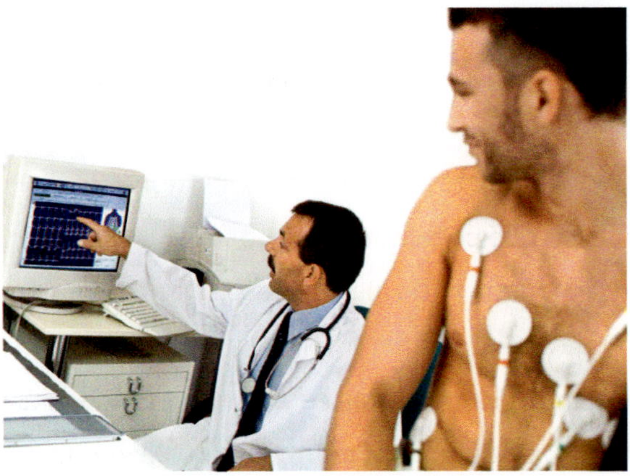

Figura 9.1 - Testes de esforço com eletrocardiograma são imprescindíveis em pessoas cardiopatas ou com fatores de risco para a doença.

Treinamento de força

O treinamento de força é relativamente recente quando prescrito ao cardiopata. Por exemplo, em 1994, o American College of Sports Medicine publicou um posicionamento recomendando exercícios para pessoas portadoras de cardiopatias. Das 43 referências descritas nesse posicionamento, somente duas fizeram alusão ao treinamento de força. Somente em 2000, após a publicação do posicionamento da American Heart Association sobre a aplicabilidade do treinamento de força em pessoas com e sem doença cardiovascular, essa temática ganhou a devida repercussão prática. De fato, vários benefícios podem ser esperados pela realização do treinamento de força pelo cardiopata. Por exemplo, durante uma atividade com exigência de força, incluindo as atividades diárias, as respostas cardiovasculares tendem a se elevar em relação direta com o grau de esforço e a massa muscular envolvida. O treinamento de força, por sua vez, permite o aumento nessa qualidade física, diminuindo o grau de esforço para uma determinada solicitação. Assim, tem-se a atenuação das respostas cardiovasculares em relação a uma mesma carga, considerando os momentos pré-treinamento e pós-treinamento. A Tabela 9.2 ilustra a necessidade de força para a realização de tarefas simples do cotidiano (Adams et al., 2006).

Além disso, o exercício de força possui uma duração muito curta, o que dificulta o acometimento por algum mal súbito. Por isso, pode ser recomendado com segurança para transplantados cardíacos (Oliver et al., 2001) e recém-infartados (Daub, Knapik e Black, 1996). O estudo de Daub, Knapik e Black (1996) foi importante porque comparou os efeitos do treinamento aeróbio e do treinamento de força em eventuais comprometimentos cardiovasculares. Nesse experimento, 42 homens com idade média de 49 anos e tempo de infarto entre 6 e 16 semanas foram submetidos a duas semanas de treinamento aeróbio e mais dez semanas de treinamento aeróbio e de força, em sessões semanais de três vezes. O treinamento aeróbio consistiu em 40 min de caminhada e cicloergômetro com intensidade de 70% a 85% da FCmáx, e a sessão de força foi realizada nos exercícios supino, desenvolvimento, puxada, remada, tríceps no *pulley* e bíceps no *pulley*, conduzidos em circuito com duas passagens. Os autores ainda dividiram a amostra em três grupos para a realização dos exercícios de força em diferentes intensidades.

Assim, os sujeitos realizaram: grupo 1: 20 repetições de cada exercício com 20% da carga máxima; grupo 2: 10 repetições de cada exercício com 40% da carga máxima; grupo 3: 7 repetições de cada exercício com 60% da carga máxima. Os resultados são apresentados nas Tabelas 9.3 e 9.4. Pode-se observar que, mesmo sob uma carga relativamente leve nos exercícios de força, houve um aumento na força muscular semelhante ou maior do que o proporcionado pelo exercício aeróbio. Além disso, as complicações cardiovasculares durante o exercício foram significativamente menores durante o exercício de força.

Para a segurança na prescrição do treinamento de força é imprescindível o controle do estresse cardiovascular durante o exercício. Tal controle recai especialmente sobre os valores de pressão arterial. Assim, é necessário adotar medidas que não proporcionem um aumento excessivo dessa variável. Para isso, algumas considerações precisam ser observadas (vide resumo na Tabela 9.5).

- Carga de treinamento: embora a pressão arterial aumente proporcionalmente à carga de trabalho, a intensidade precisa ser adequada para permitir o desenvolvimento da força. Por isso, sugere-se que pessoas iniciantes utilizem uma carga correspondente a 30% ou 40% do máximo, e pessoas treinadas utilizem aproximadamente 70% do máximo (Lamotte, Niset e Van de Borne, 2005).
- Número de repetições por série entre 8 e 10: em recente investigação, Lamotte, Niset e Van de Borne (2005) observaram que são mais indicadas séries intensas com menos de dez repetições que séries mais leves com mais repetições, em razão do tempo de permanência do esforço.
- A realização de séries sucessivas para um mesmo grupo muscular pode aumentar a pressão arterial quando a carga é próxima de 80% de 1 RM e o número de repetições acima de dez (Gotshall et al., 1999). Por isso, o delineamento da sessão deve considerar

o sistema alternado por segmento. Quanto ao número de séries, segundo Lamotte, Niset e Van de Borne (2005), podem ser 2 a 3 para iniciantes e 3 a 5 para treinados.

- Intervalo de recuperação entre as séries: é aconselhável que seja maior que 1 min (Polito et al., 2004), uma vez que intervalos muito curtos podem aumentar os níveis de fadiga, principalmente, quando a carga é próxima de 70% a 80% de 1 RM.
- Exercícios para os maiores grupos musculares: como já relatado no Capítulo 8, os grupamentos musculares menores determinam menores valores de pressão arterial durante o esforço que os músculos maiores, mas de forma desproporcional (Polito, Rosa e Schardong, 2004). Assim, pode ser mais eficiente preferir por exercícios que solicitem grandes grupos musculares.
- Evitar a manobra de Valsalva (Haykowsky et al., 2003).
- Quantidade de exercícios: um dos objetivos principais do treinamento de força é permitir que ocorra uma redução do estresse cardiovascular em atividades diárias que exigem força muscular. Assim, não existe uma recomendação fechada sobre a quantidade de exercícios. No entanto, é importante considerar que durante o exercício deve haver um aumento expressivo (mesmo que por curto tempo) da pressão arterial. Por isso, não devem ser prescritos exercícios desnecessários ou já treinados. Mais ainda, o paciente cardiopata pode ter sido submetido à intervenção cirúrgica, o que limitaria a aplicação de alguns exercícios.

Treinamento combinado

Uma das melhores medidas para a prescrição do exercício ao cardiopata é a combinação dos trabalhos aeróbio e de força. Essa estratégia pode ser realizada no mesmo dia ou em dias alternados na semana, dependendo da duração e da intensidade de cada treinamento, assim como do estado clínico e físico do praticante. Mesmo que a literatura considere a possibilidade de um tipo de treinamento interferir no outro, quando realizados na mesma sessão, isso não deve ter significância para não atletas.

Observações

É imprescindível o controle das respostas cardiovasculares durante o esforço, a fim de manter o indivíduo dentro dos valores de segurança e evitar um aumento desnecessário do esforço cardíaco. Além disso, o paciente cardiopata pode estar sob a ação farmacológica semelhante àquela vista para o hipertenso (Capítulo 8).

Tabela 9.1 – Exemplo da prescrição do treinamento aeróbio para cardiopatas

Nível de condicionamento	**Intensidade (% da FCres)**	**Intensidade (escala de Borg)**	**Duração**	**Exercícios**	**Frequência semanal**
Iniciante (nunca realizou o treinamento aeróbio)	50% a 55%	Fraco	30 min	Caminhada, cicloergômetro, atividades aquáticas	3 a 4
Intermediário (iniciou o treinamento aeróbio há 2 ou 3 meses)	55% a 60%	Moderado	30 a 40 min	Caminhada, corrida, cicloergômetro, atividades aquáticas	4 a 5
Treinado (mais de 3 ou 4 meses treinando aerobiamente)	65% a 70%	Moderado-forte	40 a 60 min	Caminhada, corrida, cicloergômetro, *step*, atividades aquáticas	5 a 6

Obs.: é interessante realizar um período de aquecimento e de volta à calma de, aproximadamente, 5 min, cada um na própria atividade, com intensidade mais reduzida que a habitual. Os valores de duração dessa tabela correspondem à atividade principal do esforço. Não deve ser somado a esse tempo o período de aquecimento ou de volta à calma.

Tabela 9.2 – Necessidade de força para a realização de algumas atividades diárias realizadas por pessoas cardiopatas

Atividades	Necessidade de força (kg)
Levantar 0,5 kg	0,90
Levantar 1,4 kg	1,8
Levantar 2,3 kg	2,7
Levantar 4,5 kg	5,5
Abrir uma porta	3
Abrir a geladeira	4
Abrir o *freezer*	4,8
Fechar a porta do forno de micro-ondas	3
Transportar cesto de roupas	9,8
Utilizar aspirador de pó	3,4
Transportar uma bolsa feminina	3,5
Abrir a porta do carro	5,7
Transportar a lista telefônica	2

Fonte: adaptado de Adams et al. (2006).

Tabela 9.3 – Alterações na força e no VO_2máx após duas semanas de treinamento aeróbio seguidas de dez semanas de treinamento aeróbio e de força

Grupo de treinamento	Alteração na força	Alteração no VO_2máx
Grupo 1 40 min de atividade aeróbia + 20 reps com 20% da carga máxima	10,5%	13,4%
Grupo 2 40 min de atividade aeróbia + 10 reps com 40% da carga máxima	11,9%	8,1%
Grupo 3 40 min de atividade aeróbia + 7 reps com 60% da carga máxima	13,5%	4,4%

Fonte: adaptado de Daub et al. (1996).

Tabela 9.4 – Quantidade de indivíduos que apresentou complicações durante o treinamento aeróbio e de força

Complicações durante o treinamento	Força	Aeróbio
Hipertensão	0	3
Hipotensão	0	2
Arritmia	1	3
Angina	0	12
Depressão ST	0	15
Total	1 (2%)	30 (71%)

Fonte: adaptado de Daub et al. (1996).

Tabela 9.5 – Exemplo da prescrição do treinamento de força para cardiopatas

Nível de condicionamento	Exercícios	Séries	Repetições	Carga (% de 1 RM)	Carga (escala de Borg)	Intervalo de recuperação	Frequência semanal
Iniciante (nunca realizou o treinamento de força)	Voador, cadeira extensora, puxada aberta, cadeira flexora, desenvolvimento, cadeira adutora, rosca bíceps, abdominal	1 a 2	10 a 15	menos de 50%	Muito fraco - fraco	Até 1 min	2 a 3
Intermediário (iniciou o treinamento de força há 2 ou 3 meses)	Supino, *leg press*, puxada aberta, cadeira flexora, desenvolvimento, cadeira adutora, remada, flexão plantar, rosca bíceps, abdominal	2 a 3	10 a 12	50% a 60%	Moderado	1 a 2 min	3 a 4

Continua

Continuação

Nível de condicionamento	Exercícios	Séries	Repetições	Carga (% de 1 RM)	Carga (escala de Borg)	Intervalo de recuperação	Frequência semanal
Treinado (mais de 3 a 4 meses treinando força)	Supino, agachamento, puxada aberta, cadeira flexora, desenvolvimento, cadeira extensora, rosca bíceps, flexão plantar, rosca tríceps, abdominal, extensão do tronco	3	8 a 10	60% a 70%	Moderado-forte	1 a 2 min	4 a 5

Obs.: deve-se realizar um breve aquecimento antes do início da sessão, constituído de, aproximadamente, 15 a 20 repetições dos dois primeiros exercícios com metade da carga usualmente aplicada no treinamento. Pacientes submetidos à intervenção cirúrgica devem evitar exercícios que solicitem a região torácica nas primeiras 4 a 6 semanas, tais como puxada aberta, voador, supino, mesa flexora, remada com apoio no tórax (Adams et al., 2006).

Exercício físico para o controle do diabetes tipo 2

10

A insulina é um hormônio produzido pelas células beta das ilhotas de Langerhans do pâncreas. Uma de suas funções é o controle da glicose sanguínea, determinado pela sinalização dos transportadores de glicose da célula muscular (GLUT-4), para que se desloquem para a membrana celular. A fim de que isso ocorra de forma efetiva, a insulina acopla-se a receptores de insulina na membrana da célula. Esse acoplamento ocasiona uma reação em cascata, caracterizada por autofosforilação do receptor de insulina, fosforilação do substrato do receptor de insulina (IRS-1), ativação da enzima fosfatidilinositol-3-quinase (PI3K) e, finalmente, translocação do GLUT-4. Quando algum desses mecanismos não ocorre de forma eficiente, a glicose sanguínea não consegue entrar na célula-alvo, aumentando progressivamente sua concentração no meio extracelular e acarretando o quadro clínico denominado diabetes tipo 2 (glicemia de jejum acima de 126 $mg.dL^{-1}$).

De forma geral, inicialmente, tem-se a resistência à ação da insulina, posteriormente ocorre a intolerância à glicose e, finalmente, culmina o diabetes tipo 2. Nesse estágio, já está caracterizada a deficiência e a ação da insulina. Trata-se de uma doença cuja manifestação ocorre de forma lenta, atingindo, aproximadamente, 90% a 95% da população diabética. Além disso, por se tratar de um desenvolvimento lento, muitas pessoas são diabéticas, mas ainda não foram diagnosticadas. No Brasil, dados de 2000 estimavam a população diabética em torno de 5,5% do total de adultos, e a projeção para 2025 seria de um aumento para 7,2% (Mann, 2002). Um dos principais fatores de risco para o diabetes tipo 2 é o aumento do peso corporal, principalmente, na região abdominal. O tecido adiposo produz citoquinas e ácidos graxos que interferem na secreção e ação da insulina. Além disso, os resíduos da metabolização dos ácidos graxos prejudicam a fosforilação do IRS-1. Outros fatores de risco são pré-disposição genética, envelhecimento, histórico familiar e sedentarismo. Nesse sentido, as estratégias mais utilizadas para controlar a manifestação da doença incluem redução ponderal e aumento do gasto energético diário, pois são os principais fatores de risco modificáveis. No entanto, o exercício físico regular ganha importância quando o aumento da sensibilidade à ação da insulina é obtido mesmo sem alteração no peso corporal (Mayer-Davis et al., 1998). Mais ainda, o exercício físico pode repercutir significativamente sobre os valores de pressão arterial e perfil lipídico, diminuindo as chances de acometimento por outras doenças. Por essa razão, é interessante que a prática de exercícios seja incluída como forma de auxiliar o controle glicêmico. Existe a sugestão de um gasto energético semanal de, aproximadamente, 1.000 kcal para o sujeito diabético, dependendo do seu estado clínico e físico (Blair et al., 1992). Uma sessão isolada de exercício também pode proporcionar certo controle glicêmico, com aumento da sensibilidade tecidual à insulina que pode perdurar por até 24 h após a atividade (Diabetes Prevention Program Research Group, 2002). Para melhor entendimento dos efeitos do exercício sobre o paciente diabético, serão listados os tipos mais usuais de treinamento, assim como os mecanismos fisiológicos envolvidos.

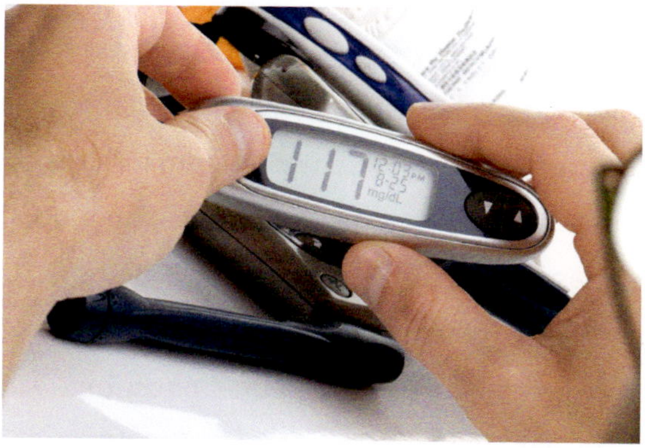

Figura 10.1 - É importante verificar o valor glicêmico antes da prática do exercício nas pessoas diabéticas que fazem uso de medicação.

Treinamento aeróbio

O treinamento aeróbio é o mais pesquisado na literatura para o sujeito diabético e sua recomendação inclui atividades cíclicas e contínuas, pois são de fácil adaptação e controle. O United States Diabetes Prevention Program (Diabetes Prevention Program Research Group, 2002) acompanhou durante três anos 3.234 homens e mulheres acima do peso e com intolerância à glicose. A modificação do estilo de vida, com inclusão de caminhada realizada 150 min por semana (ainda com sessões diárias de 10 min, três vezes ao dia), reduziu o diagnóstico de diabetes tipo 2 em 58% em relação ao grupo controle. Analisando as sugestões do American College of Sports Medicine (2000), as estratégias de prescrição incluem: a) frequência semanal mínima de três dias não consecutivos, sendo o mais interessante a prática diária; b) intensidade a partir de 40% do VO_2máx. Mesmo que valores baixos de intensidade não impliquem modificações significativas na capacidade aeróbia, torna-se mais fácil a adaptação e a adesão ao treinamento. Além disso, a sensibilidade à insulina pode ser tão eficiente quanto em uma intensidade mais elevada; c) a duração do exercício depende da intensidade. Dessa forma, com intensidade elevada, uma duração diária de 15 a 30 min ou 90 min por semana parece ser suficiente para proporcionar resultados satisfatórios (Sigal et al., 2006). Já em intensidades mais baixas (aproximadamente 50% do VO_2máx), a duração diária de 30 a 60 min ou 150 min por semana deve ser recomendada (Sigal et al., 2006) (Tabela 10.2). Esses dados foram recentemente confirmados no estudo de Kraniou, Cameron-Smith e Hargreaves (2006), no qual os autores verificaram que a sessão de exercício aeróbio realizada por, aproximadamente, 60 min e 40% do VO_2máx repercutiu em expressão de GLUT-4 semelhante àquela realizada em, aproximadamente, 25 min e 80% do VO_2máx.

Treinamento de força

O treinamento de força aplicado ao diabético tipo 2 ainda carece de mais investigações. No entanto, alguns estudos, como o de Dunstan et al. (2002) mostraram que essa intervenção pode proporcionar resultados significativos no controle glicêmico. As recomendações para esse treinamento, segundo o recente posicionamento da American Diabetes Association (Sigal et al., 2006), envolvem: a) frequência semanal mínima de três vezes (se associado ao exercício aeróbio); b) intensidade para a realização de 8 a 10 RM. Considerando que tal intensidade pode ser relativamente elevada para alguns indivíduos, pode-se também considerar a recomendação do American College of Sports Medicine (2000), que sugere cargas submáximas (porém próximas da máxima) para a realização de 10 a 15 repetições; c) séries compreendidas entre 1 e 3 para os maiores grupos musculares. O American College of Sports Medicine (2000) sugere a inclusão de 8 a 10 exercícios (Tabela 10.1).

Treinamento combinado

Eves e Plotnikoff (2002) revisaram a aplicação do treinamento de força para o diabético tipo 2 e não encontraram subsídios suficientes para supor que a atividade seja mais efetiva que a de força no controle glicêmico, ou vice-versa. Mais ainda, as duas atividades em conjunto não devem aumentar os benefícios que podem ser alcançados com a realização de apenas uma. As duas atividades somente trarão algum benefício no controle glicêmico quando o volume de treinamento for maior que a realização isolada de uma atividade (Cuff et al., 2003). Além disso, os benefícios do exercício no diabético tipo 2 extrapolam o controle glicêmico, sendo perceptíveis as alterações no comportamento endotelial, pressórico, lipídico e cardíaco.

Mecanismos fisiológicos

As pesquisas a respeito do tema ainda não permitiram um consenso sobre os mecanismos envolvidos na melhora da captação da glicose e sobre a ação da insulina em razão do exercício. Porém, pode-se especular que ocorra um efeito agudo e outro crônico de controle da glicemia. O exercício agudo aumenta a translocação do GLUT-4 por via independente da isulina, provavelmente, pela contração muscular, hipóxia, bradicinina ou óxido nítrico (Henriksen, 2002). De forma crônica, o exercício contribui para a redução de glicemia, através da elevação da sensibilidade à insulina e da translocação do GLUT-4, podendo ser em razão do: a) aumento do fluxo sanguíneo muscular, facilitando a ação da insulina e a captação de glicose; b) aumento do número de receptores de insulina na membrana muscular e maior número de transportadores de glicose (GLUT-4); c) aumento da atividade da glicogênio-sintase, elevando a captação de glicose; d) melhor ativação do IRS-1 e do PI3K (Zierath, 2002). Tais mecanismos parecem ocorrer tanto pelo exercício aeróbio quanto pelo exercício de força.

Observações

Sujeitos diabéticos podem apresentar determinadas patologias derivadas do aumento da glicose sanguínea, como neuropatia central, neuropatia periférica, nefropatia, retinopatia e doença vascular periférica. Nesses casos, a intensidade do exercício ou a sua forma de execução podem comprometer a integridade física do indivíduo. Por exemplo, a neuropatia central interfere no estímulo elétrico do coração, diminuindo os valores máximos de frequência cardíaca e pressão arterial durante o esforço e aumentando a frequência cardíaca de repouso. Além disso, há chances de irregularidade sistólica e isquemia induzida pelo exercício. Assim, deve-se reduzir o nível de esforço tendo como base a avaliação clínica e utilizar formas subjetivas para avaliação da intensidade do exercício, como a escala de Borg.

A neuropatia periférica compromete a sensibilidade das extremidades, principalmente, pernas e pés. Desse modo, é imprescindível evitar exercícios que solicitem demasiadamente tais regiões. Pessoas com nefropatia e retinopatia necessitam de mais cuidados em relação ao aumento da pressão arterial durante o exercício, evitando valores de 180 a 200 mmHg para a nefropatia e de 50 mmHg acima dos valores de repouso nos casos de retinopatia. Finalmente, sujeitos com doença vascular periférica devem optar por atividades de baixa intensidade e com pouca ação da gravidade, como cicloergômetro ou exercícios na água.

Além desses cuidados, é importante considerar a possibilidade de episódios hipoglicêmicos. Mesmo sendo rara em diabéticos tipo 2, essa condição pode se manifestar com administração farmacológica associada ao exercício.

Tabela 10.1 – Exemplo da prescrição do treinamento de força para pessoas diabéticas tipo 2

Nível de condicionamento	Exercícios	Séries	Repetições	Carga (% de 1 RM)	Carga (escala de Borg)	Intervalo de recuperação	Frequência semanal
Iniciante (nunca realizou o treinamento de força)	Voador, cadeira extensora, puxada aberta, cadeira flexora, desenvolvimento, cadeira adutora, abdominal Obs.: podem-se realizar os exercícios em circuito	1 a 2	10 a 15	50%	Fraco	Até 1 min	2 a 3
Intermediário (iniciou o treinamento de força há 2 ou 3 meses)	Supino, *leg press*, puxada aberta, cadeira flexora, desenvolvimento, remada aberta, cadeira extensora, abdução de ombros, abdominal Obs.: podem-se realizar os exercícios em circuito	2 a 3	10 a 15	60% a 70%	Moderado	1 a 2 min	3 a 4
Treinado (mais de 3 ou 4 meses treinando força)	Supino, agachamento, puxada aberta, cadeira flexora, desenvolvimento, cadeira extensora, rosca bíceps, flexão plantar, abdução de ombros, rosca tríceps, abdominal, extensão do tronco	3	10 a 15	70% a 80%	Moderado-forte	1 a 2 min	4 a 5

Obs.: deve-se realizar um breve aquecimento antes do início da sessão, constituído de, aproximadamente, 15 a 20 repetições dos dois primeiros exercícios com metade da carga usualmente aplicada no treinamento.

Tabela 10.2 – Exemplo da prescrição do treinamento aeróbio para pessoas diabéticas tipo 2

Nível de condicionamento	Intensidade (% da FCmáx)	Intensidade (escala de Borg)	Duração	Exercícios	Frequência semanal
Iniciante (nunca realizou o treinamento aeróbio de força)	50% a 60%	Fraco	30 a 60 min	Caminhada, cicloergômetro, atividades aquáticas	4 a 5
Intermediário (iniciou o treinamento aeróbio há 2 ou 3 meses)	60% a 70%	Moderado	30 a 45 min	Caminhada, corrida, cicloergômetro, atividades aquáticas	5 a 6
Treinado (mais de 3 ou 4 meses treinando aerobiamente)	70% a 80%	Moderado-forte	20 a 40 min	Caminhada, corrida, cicloergômetro, *step*, atividades aquáticas	6 a 7
Muito treinado (mais de 3 ou 4 meses treinando aerobiamente em alta intensidade)	maior que 80%	Forte	15 a 30 min	Caminhada, corrida, cicloergômetro, *step*, atividades aquáticas	6 a 7

Obs.: é interessante realizar um período de aquecimento e de volta à calma de, aproximadamente, 5 min, cada um na própria atividade, com intensidade mais reduzida que a habitual. Os valores de duração dessa tabela correspondem à atividade principal do esforço. Não deve ser somado a esse tempo o período de aquecimento ou de volta à calma.

Exercício físico para portadores de doença pulmonar obstrutiva crônica

11

A doença pulmonar obstrutiva crônica (DPOC) é caracterizada por obstrução no fluxo de ar ocasionando tosse crônica, dispneia, expectoração, respiração ruidosa e intolerância ao esforço. No entanto, a definição da DPOC é variada. Segundo a American Thoracic Society (1995), trata-se de limitação do fluxo de ar em razão de bronquite crônica ou enfisema. Já a European Respiratory Society (Siafakas et. al., 1995) define apenas como "redução do fluxo expiratório máximo". Dessa forma, alguns autores, como Mannino et al. (2000) sugerem que a DPOC não envolve apenas a bronquite crônica ou o enfisema, mas também a asma, podendo todos os sintomas aparecerem com diferentes graus de intensidade, incapacidade e reversibilidade. Mais ainda, indivíduos com DPOC podem apresentar, com relativa frequência, elevado percentual de gordura, depressão e doença cardiovascular.

Em razão das diferentes abordagens sobre a definição de DPOC, é difícil estimar sua prevalência na população, assim como as taxas de mortalidade e morbidade. No Brasil, as estatísticas do Datasus são limitadas para maiores inferências. Já nos Estados Unidos, foram estimadas cerca de 120 mil mortes por DPOC no ano 2000, sendo a quarta causa de morte (Mannino et al., 2002). Porém, esses valores podem ser subestimados pelo fato de outras doenças serem registradas como causa da morte (por exemplo, o infarto do miocárdio).

Figura 11.1 - O hábito de fumar é um dos principais responsáveis pelas doenças de pulmão. Tais doenças atingem, ainda, não fumantes que convivem com fumantes.

Um dos principais fatores de risco para a DPOC, além das doenças já citadas, inclui o tabagismo. Em um interessante trabalho, Ezzati e Lopes (2003) estimaram, em 2000, 4,83 milhões de mortes no mundo atribuídas ao tabagismo, sendo 970 mil relacionadas à DPOC. Assim, uma das principais intervenções para o controle da DPOC envolve o controle ao fumo. Além disso, tratamento farmacológico, adequação nutricional, apoio psicossocial, exercícios de reabilitação respiratória e exercícios físicos constituem as principais medidas para o paciente com DPOC. Entre esses, o exercício físico regular ganha destaque, pois permite o aumento da tolerância ao esforço submáximo e máximo, facilitando as tarefas diárias e a diminuição de fatores de risco para outras doenças crônicas (Gosselink, Troosters e Decramer, 1997). Para melhor esclarecimento dos efeitos do exercício físico no paciente com DPOC, nos tópicos a seguir serão apresentadas as principais recomendações de treinamento, como tipo de exercício, intensidade, volume e cuidados a serem observados.

- Tipo de exercício: o exercício aeróbio é tolerado pelo paciente com DPOC independentemente do estado da doença, melhorando a densidade mitocondrial, o limiar anaeróbio e o VO_2máx. Esses benefícios, ainda, podem ser percebidos mesmo na ausência de outros componentes da reabilitação pulmonar. O treinamento aeróbio deve ser realizado com maiores grupos musculares (membros inferiores isoladamente ou superiores e inferiores de forma combinada). O exercício isolado de membros superiores proporciona elevada ventilação para uma determinada quantidade de potência, o que pode aumentar a dispneia e a intolerância ao esforço (American College of Sports Medicine, 2000). A sugestão do treinamento aeróbio pode ser observada na Tabela 11.2.

Além do treinamento aeróbio, alguns dados relativamente recentes sugerem a inclusão do treinamento de força para o paciente com DPOC. Em um elegante estudo sistemático de revisão, O'Shea, Taylor e Paratz (2004) analisaram 13 artigos sobre o treinamento de força e DPOC e concluíram que tal exercício melhora a força muscular e pode ser tolerado com cargas relativamente altas. Considerando que o paciente com DPOC tende a perder força muscular por causa do sedentarismo, o aumento dessa qualidade física pode proporcionar excelentes resultados na qualidade de vida (Storer, 2001). Por exemplo, a força muscular tende a apresentar elevada correlação com o desempenho em teste de esforço no paciente com DPOC (Gosselink, Troosters e Decramer, 1997). Porém, esse campo de investigação, embora profícuo, ainda é recente e necessita de mais investigações. Algumas sugestões da prescrição do treinamento de força podem ser visualizadas na Tabela 11.1.

- Intensidade do exercício: o exercício deve ser prescrito de acordo com a capacidade de o paciente suportar sua realização. No entanto, a intensidade do treinamento no indivíduo com DPOC está diretamente associada com o aumento da tolerância ao esforço máximo. Nesse caso, o exercício realizado com 60% a 80% da capacidade máxima de trabalho promove adaptações significativas no VO_2máx, limiar anaeróbio e densidade mitocondrial, e o exercício com cargas mais reduzidas somente melhorariam discretamente a tolerância ao esforço submáximo (Gosselink, Troosters e Decramer, 1997). Porém, as características individuais, o estado da doença e o uso de drogas podem alterar os valores de frequência cardíaca. Nesse sentido, o uso de escalas subjetivas de esforço são viáveis. Para a intensidade sugerida de 60% a 80% do máximo, o valor correspondente da escala de Borg pode variar entre "moderado" e "forte". Em exercício de força, a literatura sugere cargas entre 50% e 85% de 1 RM, ajustadas a cada 3 ou 4 semanas (Dourado e Godoy, 2004).
- Volume do exercício: o treinamento aeróbio pode ser realizado entre 3 e 5 vezes por semana, com duração de 20 a 45 min (Dourado e Godoy, 2004). Alguns pacientes, ao relatarem dispneia, podem realizar o esforço de forma intermitente, com estímulos de 2 a 3 min e igual período de repouso (Gosselink, Troosters e Decramer, 1997). No caso do treinamento de força, a sugestão é de 2 a 3 dias por semana, realizando 1 a 3 séries de 8 a 12 repetições para os principais grupos musculares e intervalo de recuperação entre as séries de 2 a 3 min (Storer, 2001). Ainda

em relação ao treinamento de força, a prescrição em circuito somente deverá ser utilizada quando a sobrecarga for baixa, a fim de não proporcionar uma demanda ventilatória excessiva.

- Observações: considerando as limitações inerentes ao paciente com DPOC, é necessário um período de aquecimento e de volta à calma durante as sessões de treinamento.
- O treinamento de flexibilidade parece ter pouca aplicabilidade na melhora do estado clínico do paciente com DPOC. No entanto, trata-se de uma qualidade física que não pode ser negligenciada em qualquer rotina de treinamento físico. Assim, a inclusão desse trabalho parece apropriada.
- Por se tratar de uma doença multifatorial, é imprescindível uma avaliação clínica, funcional, física e nutricional antes e no decorrer do programa de treinamento físico, a fim de ajustar os protocolos de exercício e otimizar os resultados.

Tabela 11.1 – Exemplo da prescrição do treinamento de força para pessoas com doença pulmonar obstrutiva crônica

Nível de condicionamento	Exercícios	Séries	Repetições	Carga (% de 1 RM)	Carga (escala de Borg)	Intervalo de recuperação	Frequência semanal
Iniciante (nunca realizou o treinamento de força)	Voador, cadeira extensora, puxada aberta, cadeira flexora, desenvolvimento, cadeira adutora, abdominal	1 a 2	12 a 15	50% a 60%	Muito fraco-fraco	1 min	2 a 3
Intermediário (iniciou o treinamento de força há 2 ou 3 meses)	Supino, *leg press*, puxada aberta, cadeira flexora, desenvolvimento, cadeira adutora, remada, flexão plantar, abdominal	2 a 3	10 a 12	60% a 70%	Moderado	1 a 2 min	2 a 3
Treinado (mais de 3 ou 4 meses treinando força)	Supino, agachamento, puxada aberta, cadeira flexora, desenvolvimento, cadeira extensora, remada, flexão plantar, voador, abdominal, extensão do tronco	3	8 a 10	70% a 80%	Moderado-forte	2 a 3 min	3 a 4

Obs.: deve-se realizar um breve aquecimento antes do início da sessão, constituído de, aproximadamente, 15 a 20 repetições dos dois primeiros exercícios com metade da carga usualmente aplicada no treinamento.

Tabela 11.2 – Exemplo da prescrição do treinamento aeróbio para pessoas com doença pulmonar obstrutiva crônica

Nível de condicionamento	Intensidade (% da FCres)	Intensidade (escala de Borg)	Duração	Exercícios	Frequência semanal
Iniciante (nunca realizou o treinamento aeróbio)	50% a 55%	Fraco	30 min	Caminhada, cicloergômetro, atividades aquáticas	3 a 4
Intermediário (iniciou o treinamento aeróbio há 2 ou 3 meses)	55% a 60%	Moderado	30 a 40 min	Caminhada, corrida, cicloergômetro, atividades aquáticas	4 a 5
Treinado (mais de 3 ou 4 meses treinando aerobiamente)	65% a 70%	Moderado-forte	40 a 60 min	Caminhada, corrida, cicloergômetro, *step*, atividades aquáticas	5 a 6

Obs.: é interessante realizar um período de aquecimento e de volta à calma de, aproximadamente, 5 min, cada um na própria atividade, com intensidade mais reduzida que a habitual. Os valores de duração dessa tabela correspondem à atividade principal do esforço. Não deve ser somado a esse tempo o período de aquecimento ou de volta à calma. A prescrição pode ser de forma intervalada, caso o indivíduo não tolere o esforço contínuo.

Referências

Adams J, Cline MJ, Hubbard M, McCullough T, Hartman J. A new paradigm for post-cardiac event resistance exercise guidelines. Am J Cardiol 2006;97:281-6.

American Academy of Pediatrics. Weight training and weight lifting: information for the pediatrician. Phys Sports Med 1983;11:157-61.

______. Strength training by children and adolescents. Pediatrics 2001;107:1470-2.

American College of Obstetricians and Gynecologists. Exercise during pregnancy and the postpartum period. American College of Obstetricians and Gynecologists Technical Bulletin n. 189. Int J Gynecol Obst 1994;45:65-70.

American College of Obstetricians and Ginecologists Committee. Opinion 267: exercise during pregnancy and the postpartum period. Obstet Ginecol 2002;99:171-3.

American College of Obstetrics and Gynecologists Guidelines. Exercise during pregnancy and the postnatal period. Washington, DC: ACOG,1985.

American College of Sports Medicine. ACSM's guidelines for exercise testing and prescription. 6th ed. Baltimore: Williams & Wilkins, 2000.

American College of Sports Medicine Position Stand. Exercise for patients with coronary artery disease. Med Sci Sports Exerc 1994;26:i-v.

______. The recommended quantity and quality of exercise for developing and maintaining cardiorespiratory and muscular fitness, and flexibility in adults. Med Sci Sports Exerc 1998; 30:975-91.

______. Exercise and type 2 diabetes. Med Sci Sports Exerc 2000;32:1345-60.

American College of Sports Medicine Position Stand. The appropriate intervention strategies for weight loss and prevention of weight regain for adults. Med Sci Sports Exerc 2001;33:2145-56.

American College of Sports Medicine Position Stand. Progression models in resistance training for healthy adults. Med Sci Sports Exerc 2002;34;364-80.

______. Exercise and hypertension. Med Sci Sports Exerc 2004;36:533-53/1985-96.

American Thoracic Society. Standards for the diagnosis and care of patients with chronic obstructive pulmonary disease. Am J Respir Crit Care Med 1995;152(5Pt2):S77-121.

Bailey DA, Martin AD, McKay AH, Whiting S, Mirwald R. Calcium accretion in girls and boys during puberty: a longitudinal analysis. J Bone Miner Res 2000;15:2245-50.

Baquet G, Van Praagh E, Berthoin S. Endurance training and aerobic fitness in young people. Sports Med 2003;33:1127-43.

Bell R. The effects of vigorous exercise during pregnancy on birth weight. J Sci Med Sport 2002;5:32-6.

Blair SN, Kohl HW, Gordon NF, Paffenbarger RS. How much physical activity is good for health? Ann Rev Public Health 1992;13:99-126.

Boisseau N, Delamarche P. Metabolic and hormonal responses to exercise in children and adolescents. Sports Med 2000;30:405-22.

Borer KT. Physical activity in the prevention and amelioration of osteoporosis in women. Interaction of mechanical, hormonal and dietary factors. Sports Med 2005;35:779-830.

Brankston GN, Mitchell BF, Ryan EA, Okun NB. Resistance exercise decreases the need for insulin in overweight women with gestational diabetes mellitus. Am J Obst Gynecol 2004; 190:188-93.

Byrne HK, Wilmore JH. The effects of a 20-week exercise training program on resting metabolic rate in previously sedentary, moderately obese women. Int J Sport Nutr Exerc Metab 2001;11:15-31.

Carnethon MR, Gulati M, Greenland P. Prevalence and cardiovascular disease correlates of low cardiorespiratory fitness in adolescents and adults. JAMA 2005;294:2981-8.

Chobanian AV, Barkis GL, Black HR, Cushman WC, Green LA, Izzo JL et al. The Seventh Report of the Joint National Committee on Prevention, Detection, Evaluation, and Treatment of High Blood Pressure: The JNC VII Report. JAMA 2003;289:2560-71.

Chubak J, Ulrich CM, Tworoger SS, Sorensen B, Yasui Y, Irwin ML et al. Effect of exercise on bone mineral density and lean mass in postmenopausal women. Med Sci Sports Exerc 2006;38:1236-44.

Cornelissen VA, Fagard RH. Effect of resistance training on resting blood pressure: a meta-analysis of randomized controlled trials. J Hypertens 2005;23:251-9.

Cuff DJ, Menfilly GS, Martin A, Ignaszewski A, Tildesley HD, Frohlich JJ. Effective exercise modality to reduce insulin resistance in women with type 2 diabetes. Diabetes Care 2003;26:2977-82.

Dalsotto AR, Muniz RJ, Polito MD. Influência do treinamento de 12 semanas sobre a força muscular, composição corporal e triglicerídios em sedentários. In: XXVIII Simpósio Internacional de Ciências do Esporte, São Paulo. Rev Bras Ciência Mov 2005;13:260.

Daub WD, Knapik GP, Black WR. Strength training early after myocardial infarction. J Cardiopulm Rehabil 1996;16:100-8.

De Lorme T, Watkins A. Techniques of progressive resistance exercises. Arch Phys Med 1948; 29:263-73.

Diabetes Prevention Program Research Group. Reduction in the incidence of type 2 diabetes with lifestyle intervention or metformin. N Engl J Med 2002;346:393-403.

Dolezal BA, Potteiger JA. Concurrent resistance and endurance training influence basal metabolic rate in nondieting individuals. J Appl Physiol 1998;85:695-700.

Dourado VZ, Godoy I. Recondicionamento muscular na DPOC: principais intervenções e novas tendências. Rev Bras Med Esporte 2004;10:331-4.

Dunstan DW, Daly RM, Owen N, Jolley D, Courten M, Shaw J et al. High-intensity resistance training improves glycemic control in older patients with type 2 diabetes. Diabetes Care 2002;25:17-29-36.

Eves ND, Plotnikoff RC. Resistance training and type 2 diabetes. Considerations for implementation at the population level. Diabetes Care 2002;29:1933-41.

Ezzati M, Lopez AD. Estimates of global mortality attributable to smoking in 2000. Lancet 2003;362:847-52.

Falk B, Eliakim A. Resistance training, skeletal muscle and grow. Pediatr Endocrinol Rev 2003; 1:120-7.

Falk B, Sadres E, Constantini N, Zigel L, Lidor R, Eliakim A. The association between adiposity and the response to resistance training among pre- and early-puberal boys. J Pedriatr Endocrinol Metab 2002;15:597-606.

Farinatti PTV. Teorias biológicas do envelhecimento: do genético ao estocástico. Rev Bras Med Esporte 2002;8:129-38.

Farinatti PTV, Oliveira RB, Pinto VLM, Monteiro WD, Francischetti E. Home exercise program: short term effects on physical aptitude and blood pressure in hypertensive individuals. Arq Bras Cardiol 2005;84:473-9.

Fiatarone MA, Marks EC, Ryan ND, Meredith CN, Lipsitz LA, Evans WJ. High-intensity strength training in nonagenarians. Effects on skeletal muscle. JAMA 1990;263:3029-34.

Fletcher G, Balady G, Amsterdam E, Chaitman B, Eckel R, Fleg J. Exercise standards for testing and training: a statement for healthcare professionals from the American Heart Association. Circulation 2001;104:1694-740.

Fontaine KR, Redden DT, Wang C, Westfall AO, Allison D. Years of life lost due to obesity. JAMA 2003;289:187-193.

Fukunaga T, Funato K, Ikegawa S. The effects of resistance training on muscle area and strength in prepubescent age. Ann Physiol Anthropol 1992;11:357-64.

Garrow JS, Summerbell CD. Meta-analysis: effect of exercise, with or without dieting, on the body composition of overweight subjects. Eur J Clin Nutr 1995;49:1-10.

Geliebter A, Maher MM, Gerace L, Gutin B, Heymsfield SB, Hashim SA. Effects of strength or aerobic training on body composition, resting metabolic rate, and peak oxygen consumption in obese dieting subjects. Am J Clin Nutr 1997;66:557-63.

Gomes VB, Siqueira KS, Sichieri R. Atividade física em uma amostra probabilística da população do município do Rio de Janeiro. Cad Saúde Pública 2001;17:969-76.

Gosselink R, Troosters T, Decramer M. Exercise training in COPD patients: the basic questions. Eur Respir J 1997;10:2884-91.

Gotshall R, Gootman J, Byrnes W, Fleck S, Valovich T. Noninvasive characterization of the blood pressure response to the double-leg press exercise. J Exerc Physiol [periódico on line] 1999;2:1-6. Disponível em <URL:http://www.asep.org/jeponlinearchives> acesso em 14/03/2007

Hagberg JM, Park JJ, Brown MD. The role of exercise training in the treatment of hypertension: an update. Sports Med 2000;30:193-206.

Harada S, Rodan GA. Control of osteoblast function and regulation of bone mass. Nature 2003;423:349-55.

Haslam DRS, McCartney N, McKelvie RS, MacDougall JD. Direct measurements of arterial blood pressure during formal weightlifting in cardiac patients. J Cardiopulm Rehabil 1988; 8:213-25.

Haykowsky MJ, Eves ND, Warburton DER, Findlay MJ. Resistance exercise, the valsalva maneuver, and cerebrovascular transmural pressure. Med Sci Sports Exerc 2003;35:65-8.

Henriksen EJ. Effects of acute exercise and exercise training on insulin resistance. J Appl Physiol 2002;93:788-96.

Herbert RD, Gabriel M. Effects of stretching before and after exercising on muscle soreness and risk of injury: systematic review. BMJ 2002;325:468.

Irwin ML, Yasui Y, Ulrich CM, Bowen D, Rudolph RE, Schwartz RS et al. Effect of exercise on total and intra-abdominal body fat in postmenopausal women: a randomized controlled trial. JAMA 2003;289:323-30.

Jakicic JM, Marcus BH, Gallagher KI, Napolitano M, Lang W. Effect of exercise duration and intensity on weight loss in overweight, sedentary women: a randomized trial. JAMA 2003; 290:1323-30.

Kardel KR. Effects of intense training during and after pregnancy in top-level athletes. Scand J Med Sci Sports 2005;15:79-86.

Kellerman JJ. Long term comprehensive cardiac care: the perspectives and tasks in cardiac rehabilitation. Eur Heart J 1993;13:1441-4.

Kelley GA, Kelley KS. Progressive resistance exercise and resting blood pressure: a meta-analysis of randomized controlled trials. Hypertension 2000;35:838-43.

Kelley GA, Kelley KS, Tran ZV. Exercise and BMD in men: a meta-analysis. J Appl Physiol 2000; 88:1730-6.

Kelley GA, Kelley KS, Tran ZV. Resistance training and BMD in women: a meta-analysis of controlled trials. Am J Phys Med Rehabil 2001;80:65-77.

______. Exercise and lumbar spine BMD in postmenopausal women: a meta-analysis of individual patient data. J Gerontol A Biol Sci Med Sci 2002;57:M599-604.

Kenney MJ, Seals DR. Post exercise hypotension. Key features, mechanisms, and clinical significance. Hypertension 1993;22:653-64.

Kerche LTRL, Abbade JF, Costa RAA, Rudge MVC, Calderon IMP. Fatores de risco para macrossomia fetal em gestações complicadas por diabete ou por hiperglicemia diária. Rev Bras Ginecol Obstet 2005;27:580-7.

Kraemer WJ, Ratamess NA. Fundamentals of resistance training: progression and exercise prescription. Med Sci Sports Exerc 2004;36:674-88.

Kramer MS, McDonald SW. Aerobic exercise for women during pregnancy. Cochrane Database Syst Rev 2006;3:CD000180.

Kraniou GN, Cameron-Smith D, Hargreaves M. Acute exercise and GLUT4 expression in human skeletal muscle: influence of exercise intensity. J Appl Physiol 2006;101:934-7.

Lakka TA, Laaksonen DE, Lakka HM, Männikkö N, Niskanen LK, Rauramaa R et al. Sedentary lifestyle, poor cardiorespiratory fitness, and the metabolic syndrome. Med Sci Sports Exerc 2003;35:1279-86.

Lamotte M, Niset G, Van de Borne P. The effect of different intensity modalities of resistance training on beat-to-beat blood pressure in cardiac patients. Eur J Cardiovasc Prev Rehabil 2005;12:12-7.

Lazzer S, Boirie Y, Montaurier C, Vernet J, Meyer M, Vermorel M. A weight reduction program preserves fat-free mass but not metabolic rate in obese adolescents. Obes Res 2004; 12:233-40.

Lazzoli JK, Nóbrega ACL, Carvalho T, Oliveira MAB, Teixeira JAC, Leitão MB et al. Atividade física e saúde na infância e adolescência. Rev Bras Med Esporte 1998;4:1-3.

Liu-Ambrose T, Khan KM, Enq JJ, Janssen PA, Lord SR, McKay HA. Resistance and agility training reduce fall risk in women aged 75 to 85 with low bone mass: a 6-month randomized, controlled trial. J Am Geriatr Soc 2004;52:657-65.

Macaluso A, De Vito G. Muscle strength, power and adaptations to resistance training in older people. Eur J Appl Physiol 2004;91:450-72.

MacDonald J, MacDougall J, Hogben C. The effects of exercise intensity on post exercise hypotension. J Hum Hypertens 1999;13:527-31.

MacDonald JR, MacDougall JD, Hogben CD. The effects of exercise duration on post-exercise hypotension. J Hum Hypertens 2000;14:125-9.

Manini TM, Everhart JE, Patel KV, Schoeller DA, Colbert LH, Visser M et al. Daily activity energy expenditure and mortality among older adults. JAMA 2006;296:171-9.

Mann JI. Diet and risk of coronary heart disease and type 2 diabetes. Lancet 2002;360:783-9.

Mannino DM. Chronic obstructive pulmonary disease: definition and epidemiology. Respir Care 2003;48:1185-91.

Mannino DM, Homa DM, Akinbami LJ, Ford ES, Redd SC. Chronic obstructive pulmonary disease surveillance - United States, 1971-2000. MMWR Surveill Summ 2002;51:1-16.

Manson JE, Greenland P, Lacroix AZ, Stefanick ML, Mouton CP, Oberman A et al. Walking compared with vigorous exercise for the prevention of cardiovascular events in women. N Engl J Med 2002;347:716-25.

Martin-St James M, Carrol S. High-intensity resistance training and postmenopausal bone loss: a meta-analysis. Osteoporos Int 2006;17:1225-40.

Martins ACS, Nogueira BRML, Couto FVP, Nicolau MSB, Pontes FL, Simão R et al. Comportamento da pressão arterial 12 horas após uma sessão de exercícios em hipertensos treinados. Rev Bras Fisiol Exerc 2004;2:199-207.

Mayer-Davis EJ, D'Agostino R, Karter AJ, Haffner SW, Rewers MJ, Saad M et al. Intensity and amount of physical activity in relation to insulin sensitivity: the insulin resistance atherosclerosis study. JAMA 1998;279:669-74.

Myers J, Prakash M, Froelicher V, Do D, Partington S, Atwood JE. Exercise capacity and mortality among men referred for exercise testing. N Engl J Med 2002;346:793-801.

Myers L, Strikmiller PK, Webber LS, Berenson GS. Physical and sedentary activity in school children grades 5-8: the Bogalusa Heart Study. Med Sci Sports Exerc 1996;28:852-9.

Negrão CE, Barreto ACP. Cardiologia do exercício: do atleta ao cardiopata. São Paulo: Manole, 2005.

Negrão CE, Trombetta IC, Tinucci T, Forjaz CLM. O papel do sedentarismo na obesidade. Rev Bras Hipertens 2000;2:149-55.

Nelson ME, Fiatarone MA, Morganti CM, Trice I, Greenberg RA, Evans WJ. Effects of high-intensity strength training on multiple risk factors for osteoporotic fractures: a randomized controlled trial. JAMA 1994;272:1909-14.

Nóbrega ACL. The subacute effects of exercise: concept, characteristics, and clinical implications. Exerc Sport Sci Rev 2005;33:84-7.

Nóbrega ACL, Freitas EV, Oliveira MAB, Leitão MB, Lazzoli JK, Nahas RM et al. Posicionamento Oficial da Sociedade Brasileira de Medicina do Esporte e da Sociedade Brasileira de Geriatria e Gerontologia: Atividade Física e Saúde no Idoso. Rev Bras Med Esporte 1999;5: 207-11.

North American Menopause Society. Management of osteoporosis in postmenopausal women: 2006 position statement of The North American Menopause Society. Menopause 2006;13:340-67.

Oehlschlaeger MHK, Pinheiro RT, Horta B, Gelatti C, San'Tana P. Prevalência e fatores associados ao sedentarismo em adolescentes de área urbana. Rev Saúde Pública 2004;38:157-63.

Oliveira JAG, Cardoso J, Pontes FL, Polito MD. Resposta aguda imediata da pressão arterial em gestantes normotensas pós-sessão de hidroginástica. In: II Congresso da Sociedade de Medicina do Esporte do Rio de Janeiro, Rio de Janeiro. Rev Bras Med Esporte 2006; 12: S22.

Oliver D, Pflugfelder PW, McCartney N, McKelvie RS, Suskin N, Kostuk WJ. Acute cardiovascular responses to leg-press resistance exercise in heart transplant recipients. Int J Cardiol 2001;81:61-74.

O'Shea SD, Taylor NF, Paratz J. Peripheral muscle strength training in COPD. A systematic review. Chest 2004;126:903-14.

Paisley JE, Mellion MB. Exercise during pregnancy. Am Fam Physician 1988;38:143-50.

Pate RR, Davis MG, Robinson TN, Stone EJ, McKenzie TL, Young JC. Promoting physical activity in children and youth. A leadership role for schools. A scientific statement from the American Heart Association Council on Nutrition, Physical Activity, and Metabolism (Physical Activity Committee) in collaboration with the Councils on Cardiovascular Disease in the Young and Cardiovascular Nursing. Circulation 2006:114.

Peraçoli JC, Parpinelli MA. Síndromes hipertensivas da gestação: identificação de casos graves. Rev Bras Ginecol Obstet 2005;27:627-34.

Pescatello L. Exercise and hypertension: recent advances in exercise prescription. Curr Hypertens Rep 2005;7:281-6.

Petersen AM, Leet TL, Brownson RC. Correlates of physical activity among pregnant women in the United States. Med Sci Sports Exerc 2005;37:1748-53.

Pickering TG, Hall JE, Appel LJ, Falkner BE, Graves J, Hill MN et al. Recommendations for blood pressure measurement in humans and experimental animals. Part 1: Blood pressure measurement in humans. A statement for professionals from the subcommittee of professional and public education of the American Heart Association Council on High Blood Pressure Research. Hypertension 2005;45:142-61.

Polito MD, Farinatti PTV. Comportamento da pressão arterial após exercícios de força: uma revisão sistemática sobre variáveis determinantes e possíveis mecanismos. Rev Bras Med Esporte 2006;12:386-92.

Polito MD, Farinatti PTV, Lira VA, Nobrega ACL. Blood pressure assessment during resistance exercise: comparison between auscultation and Finapres. Blood Press Monit 2007;12:81-6.

Polito MD, Maranhão Neto GA, Lira VA. Componentes da aptidão física e sua influência sobre a prevalência de lombalgia. Rev Bras Ciência Mov 2003;11:35-40.

Polito MD, Simão R, Nóbrega ACL, Farinatti PTV. Pressão arterial, frequência cardíaca e duplo-produto em séries sucessivas do exercício de força com diferentes intervalos de recuperação. Rev Port Cienc Desp 2004;4:7-15.

Polito MD, Rosa C, Schardong P. Respostas cardiovasculares agudas na extensão do joelho realizada em diferentes formas de execução. Rev Bras Med Esporte 2004;10:173-6.

Pollock M, Franklin B, Balady G, Chaitman B, Fleg J, Fletcher B et al. Resistance exercise in individuals with and without cardiovascular disease: benefits, rationale, safety, and prescription. An Advisory From the Committee on Exercise, Rehabilitation, and Prevention, Council on Clinical Cardiology, American Heart Association. Circulation 2000;101:828-33.

Racette SB, Deusinger SS, Deusinger RH. Obesity: overview of prevalence, etiology, and treatment. Phys Ther 2003;83:276-88.

Rezk CC, Marrache RC, Tinucci T, Mion D, Forjaz CL. Post-resistance exercise hypotension, hemodynamics, and heart rate variability: influence of exercise intensity. Eur J Appl Physiol 2006;98:105-12.

Rhea MR, Alvar BA, Burkett LN, Ball SD. A meta-analysis to determine the dose response for strength development. Med Sci Sports Exerc 2003;35:456-64.

Rondon MUPB, Brum PC. Exercício físico como tratamento não farmacológico da hipertensão arterial. Rev Bras Hipertens 2003;10:134-9.

Siafakas NM, Vermeire P, Pride NB, Paoletti P, Gibson J, Howard P et al. Optimal assessment and management of chronic obstructive pulmonary disease (COPD). The European Respiratory Society Task Force. Eur Respir J 1995;8:1398-420.

Sigal RJ, Kenny GP, Wasserman DH, Castaneda-Sceppa C, White RD. Physical activity/exercise and type 2 diabetes: A Consensus Statement from the American Diabetes Association. Diabetes Care 2006;29:1433-8.

Simão R, Farinatti PTV, Polito MD, Maior AS, Fleck S. Influence of exercise order on the number of repetitions performed and perceived exertion during resistance exercises. J Strength Cond Res 2005;19:152-6.

Simão R, Farinatti PTV, Polito MD, Viveiros L, Fleck S. Influence of exercise order on the number of repetitions performed and perceived exertion during resistance exercise in women. J Strength Cond Res 2007;21:23-8.

Singh NA, Stavrinos TM, Scarbek Y, Galambos G, Liber C, Fiatarone Singh MA. A randomized controlled trial of high versus low intensity weigth training versus general practioner care for clinical depression in older adults. J Gerontol A Biol Sci Med Sci 2005;60:768-76.

Sorensen TK, Williams MA, Lee I, Dashow EE, Thompson ML, Luthy DA. Recreational physical activity during pregnancy and risk of preeclampsia. Hypertension 2003;41:1273-80.

Stengel SV, Kemmler W, Pintag R, Beeskow C, Weineck J, Lauber D et al. Power training is more effective than strength training for maintaining bone mineral density in postmenopausal women. J Appl Physiol 2005;99:181-8.

Storer TW. Exercise in chronic obstructive pulmonary disease: resistance exercise prescription. Med Sci Sports Exerc 2001;33:S680-6.

Suzuki T, Bean JF, Fielding RA. Muscle power and the ankle flexors predicts functional performance in community-dwelling older women. J Am Geriatr Soc 2001;49:1161-7.

Tanasescu M, Leitzmann MF, Rimm EB, Willett WC, Stampfer MJ, Hu FB. Exercise Type and Intensity in Relation to Coronary Heart Disease in Men. JAMA 2002;288:1994-2000.

Thacker SB, Gilchrist J, Stroup DF, Kimsey CD. The impact of stretching on sports injury risk: a systematic review of the literature. Med Sci Sports Exerc 2004;36:371-8.

Turner CH, Robling AG. Designing exercise regimens to increase bone strength. Med Sci Sports Exerc 2003;31:45-50.

Twisk JWR. Physical activity guidelines for children and adolescents. A critical review. Sports Med 2001;31:617-27.

U.S. Department of Health and Human Services. Physical Activity and Health: A Report of the Surgeon General. Atlanta, GA: U.S. Department of Health and Human Services, Centers for Disease Control and Prevention, National Center for Chronic Disease Prevention and Health Promotion,1996.

Vincent KR, Braith RW. Resistance exercise and bone turnover in elderly men and women. Med Sci Sports Exerc 2002;34:17-23.

Wallace BA, Cumming RG. Systematic review of randomized trials of the effect of exercise on bone mass in pre- and dramatically increase their levels and intensity of postmenopausal women. Calcif Tissue Int 2000;67:10-8.

Warren MP. Exercise in woman: effects on reproductive system and pregnancy. Clin Sports Med 1991;10:131-9.

Whelton SP, Chin A, Xin X, He J. Effect of aerobic exercise on blood pressure: a meta-analysis of randomized, controlled trials. Ann Intern Med 2002;136:493-503.

Williams PT, Blanche PJ, Krauss RM. Behavioral Versus Genetic Correlates of Lipoproteins and Adiposity in Identical Twins Discordant for Exercise. Circulation 2005;112:350-6.

Zierath JR. Exercise training-induced changes in insulin signaling in skeletal muscle. J Appl Physiol 2002;93:773-81.

Anexos

Anexo 1. Procedimentos para a determinação da FC de treinamento quando não existe teste de esforço máximo

Na impossibilidade de realizar um teste de esforço máximo, é comum na prática utilizar equações para estimar a FC de treinamento. No entanto, tal procedimento pode conter erros, visto que a FC obtida por meio de equações pode estar errada em torno de 10 bpm, tanto para mais quanto para menos.

Entre as equações mais utilizadas, pode-se destacar a de Tanaka et al.[1] Trata-se, na verdade, de três equações:

1. Homens e mulheres sedentários. FCmáx = 211 – (0,8 x idade)
2. Homens e mulheres ativos. FCmáx = 207 – (0,7 x idade)

[1] Tanaka H, Monahan KG, Seals DS. Age-predicted maximal heart rate revisited. J Am Coll Cardiol 2001;37:153-6

3. Homens e mulheres treinados aerobiamente. FCmáx = 206 – (0,7 x idade)[2]

É importante inserir a margem de erro das equações na determinação da intensidade de treinamento. Por exemplo: considere um homem de 32 anos sedentário que deve se exercitar em 65% da FCmáx. De acordo com o seu estado de treinamento e sua idade, sua FCmáx obtida pela equação de Tanaka et al. será 185 bpm. O percentual de treinamento para o valor estimado de sua FCmáx será 126 bpm. Adicionando a margem de erro, sua zona-alvo de treinamento deverá ser 116 a 136 bpm. Obviamente que tais valores são sugestivos e podem ser alterados dependendo da sensação de esforço reportada durante o treinamento.

Anexo 2. Procedimentos para a utilização da escala de Borg[2]

1. A escala de Borg CR-10 é composta por números de 0 (repouso) até 10 (esforço muito, muito forte). No entanto, a escala não é linear, uma vez que o valor intermediário (moderado) corresponde ao número 3. Assim, comece atribuindo um valor àquilo que você sente de esforço durante o exercício, de acordo com os valores da escala.

2. É possível a indicação de valores intermediários ou decimais.

3. Atribua um valor que você está percebendo no momento do exercício, e não o que você acredita que deveria responder.

4. Não superestime ou subestime a intensidade que lhe é imposta pelo esforço.

5. Observe somente a sua sensação de esforço, e não os sinais fisiológicos. Por exemplo, o valor atribuído à escala pode ser baixo, mesmo com uma frequência cardíaca elevada.

[2] Borg G. Borg's perceived exertion and pain scales. Champaign: Human Kinetics, 1998.

6. O valor 10 da escala corresponde à intensidade mais forte de esforço que você já experimentou. Caso sinta um esforço mais elevado do que esse, pode-se atribuir um valor maior que 10.

O Quadro 1 ilustra a condição e a sensação atribuídas aos valores da escala de Borg e o Quadro 2 mostra a escala que deve ser apresentada ao indivíduo que está se exercitando. Com base na escala de Borg, foram sugeridas escalas que podem ser aplicadas tanto em atividades de natureza aeróbia (Tabela 1) quanto em exercícios de força (Tabela 2).

Quadro 1 – Significado dos valores da escala de Borg

Nível	Condição	Sensação
1	Muito fraco	Corresponde a um esforço que pode ser realizado por muito tempo sem representar uma fadiga significativa. É possível conversar durante a prática sem que isso interfira na sensação de esforço.
3	Moderado	Corresponde a uma atividade em que já é perceptível certo grau de esforço, mas ainda é possível realizá-lo por um período de tempo relativamente longo. A conversa nesse nível ainda é possível, mas pode aumentar a sensação de fadiga.
5	Forte	O esforço é intenso, mas ainda é possível prosseguir. A conversa, nesse nível, pode comprometer significativamente a continuidade da atividade.
7	Muito forte	É possível prosseguir, mas o desconforto é muito elevado e a tolerância na atividade pode ficar comprometida.
10	Muito, muito forte	É a maior intensidade já experimentada, significando que a atividade será brevemente interrompida por fadiga.

Quadro 2 – Escala de Borg adaptada (CR-10)

Nível	Condição
0	Repouso
0,5	Muito, muito fraco
1	Muito fraco

Continua

Continuação

Nível	Condição
2	Fraco
3	Moderado
4	Algo forte
5	Forte
6	
7	Muito forte
8	
9	
10	Muito, muito forte

Tabela 1 – Escala de Borg para atividades aeróbias contínuas

Intensidade relativa (%)			
FCmáx	**FCres**	**Borg (CR-10)**	**Intensidade**
< 35%	< 30%	< 1	Muito fraco
35% a 59%	30% a 49%	1 a 2	Fraco
60% a 79%	50% a 74%	3 a 4	Moderado
80% a 89%	75% a 84%	5 a 6	Forte
> 90%	> 85%	> 6	Muito forte

Fonte: adaptado de Pollock ML, Wilmore JH. Exercícios na saúde e na doença. Rio de Janeiro: Medsi, 1993.

Tabela 2 – Escala de Borg para exercícios de força

Intensidade relativa		
Contração voluntária máxima (%)	**Borg (CR-10)**	**Intensidade**
< 30	< 2	Muito fraco
35 a 49	2 a 3	Fraco
50 a 69	4 a 5	Moderado
70 a 84	6 a 7	Forte
> 85	> 7	Muito forte

SOBRE O LIVRO

Formato: 16 x 23 cm
Mancha: 11,8 x 19,1 cm
Tipologia: Humnst777 BT, Ottawa
Papel: Couché 115 g
nº páginas: 160
1ª edição: 2010

EQUIPE DE REALIZAÇÃO

Edição de texto

Nathalia Ferrarezi (Assistente-editorial)
Fernanda Fonseca (Preparação e copidesque)
Fernanda Duarte Ribeiro (Revisão)
Juliana Maria Mendes (*Checklist*)

Editoração eletrônica

Fabiana Tamashiro (Projeto gráfico, tratamento de imagens e diagramação)
Renata Tavares (Capa)
Ricardo Howards (Ilustração Figura 6.1)

Impressão
Edelbra Gráfica